高效工作法

提升工作效率的黄金法则

谢彦彬◎著

GAOXIAO GONGZUOFA

TISHENG GONGZUO
XIAOLV DE HUANGJIN FAZE

中华工商联合出版社

图书在版编目（CIP）数据

高效工作法 / 谢彦彬著. —北京：中华工商联合
出版社，2019.12
　ISBN 978-7-5158-2668-4

　Ⅰ. ①高… Ⅱ. ①谢… Ⅲ. ①工作方法－通俗读物
Ⅳ. ① B026-49

中国版本图书馆CIP数据核字（2019）第 280046 号

高效工作法

作　　者：谢彦彬	
责任编辑：胡小英	
封面设计：国风设计	
责任审读：李　征	
责任印制：迈致红	
出版发行：中华工商联合出版社有限责任公司	
印　　刷：三河市燕春印务有限公司	
版　　次：2020 年 6 月第 1 版	
印　　次：2024 年 5 月第 3 次印刷	
开　　本：710mm×1020mm　1/16	
字　　数：178 千字	
印　　张：14	
书　　号：ISBN 978-7-5158-2668-4	
定　　价：72.00 元	

服务热线：010-58301130
销售热线：010-58302813
地址邮编：北京市西城区西环广场 A 座
　　　　　　19-20 层，100044
http://www.chgslcbs.cn
E-mail: cicap1202@sina.com（营销中心）
E-mail: gslzbs@sina.com（总编室）

凡本社图书出现印装质量问
题，请与印务部联系
联系电话：010-58302915

序言

近年来，极简主义盛行。在现如今这时代，物质过剩，信息泛滥，过多的物质和过多的信息令人疲于应付。极简不仅是一种生活态度，而且是高效工作者的工作态度和理念。

面对众多的工作，有的人能够轻松完成，显得游刃有余；而有的人虽加班加点，却还是不能把工作做好，不仅把自己弄得很疲惫，而且也影响自己的情绪。有句话说得好，累死人的不是工作本身，而是工作方法。方法不对，努力白费。

正确的工作方法，是提高工作效率的法宝。美国管理大师彼得·杜拉克对"效率"和"效果"做过界定。他说，"效率"就是把事情做对；"效果"就是做对的事情。在工作中，很多人强调"效率"，这本身没错。但是对"效果"重视不够，如果"效果"没有处理好，那么"效率"越高，则会离目标越远。所以，如果我们想更快更好地完成工作，就要先解决好"效果"问题，然后再考虑"效率"。

　　要提高工作效率也是有方法的，只有在正确方法的指引下，我们才能用更少的时间，最少的资源，达成我们的工作目标。本书就是向读者介绍提高工作效率的一些方法、技巧。这些方法技巧，看似是一些我们都知道的普遍常识，但是这些常识却包含了极简工作的智慧。"常识不代表稀松平常"，我们很多事情处理得不好，就是由于对常识的重视不够。

　　例如，我们都知道要整理自己的办公桌，但是又有多少人能认真整理呢？杂乱的办公桌会分散我们的注意力，从而降低工作效率，浪费我们的工作时间。据研究，人们在办公室会浪费掉32%的工作时间，其中有三分之一的时间浪费在办公区，我们常常会因为急需找一份文件而东翻西找，焦躁不安，造成工作的停滞和时间的浪费，并降低了工作效率。如果我们把办公桌上的文件整理得井井有条，那么我们就能避免这种情况的发生，就会在不知不觉中提高我们的工作效率。

　　又例如，我们都知道要把第二天要做的事列出来，并分清轻重缓急。其实，这并不需要花费多长时间，只需要我们在睡觉前花几分钟而已，这几分钟将给我们明天的工作带来极大便利。然而，我们又有多少人真正做到了呢？很多人在工作中毫无头绪，胡子眉毛一把抓，结果导致重要的工作没做，净做一些不重要的工作，到头来力没少出，却没有效果，事倍功半。

　　本书就是教你如何化繁为简，简单工作并提高效率。按照本书的操作，能让你提高工作效率，少走一些弯路。本书不仅适用于职场新人，也适用于职场老手。希望读者能通过本书学会运用极简工作法，来高效解决各种复杂问题，从而使自己的生活和工作有一个新的开始。

06 流程：按流程工作很重要

07 专注：让你更出色

14 提升：成为极简的自我

01
心态：心态决定状态

　　极简是一种对待生活的态度，要想过极简生活，就要具备极简的心态。心态决定状态，具有什么样的心态，就会具有什么样的态度。极简的心态要求我们的心态是正确的、积极的，不抱怨，喜欢自己的工作，从他人身上吸取教训，使自己少走弯路。

| 极简是一种生活态度 |

　　占有太多的东西，不但占满了我们的空间，也占用了我们的思想，从而导致生活杂乱无章，所以才有人提出极简主义，提倡过极简的生活。过极简的生活就是抛弃对自己无用的东西或思想，而最大限度地保留对自己有用的东西，能让自己更好地体验人生的快乐。

　　乔舒亚·贝克尔是一个典型的"高富帅"，他在28岁时就成了一家企业的高管，薪水达到了七位数。他住豪宅，开豪车，穿名牌，可以说他想要什么就可以拥有什么。在别人看来他是人生的赢家，然而，他在生活上却是输家。

　　为了得到更多的财富，他成了工作狂，一年365天，他工作362天，并且一周工作80个小时。他越来越富有，他的愿望也一个个实现了，他原以为当他拥有了这一切后，他会生活得更幸福。

　　然而，恰恰相反，他的生活反而一团糟糕。工作损害了他的身体，他每天需要服药才能入睡。妻子抱怨他不像个丈夫，儿子抱怨他不带自己出去玩，母亲生病住院他也不能照顾，他就像家庭生活的局外人。

　　他的家里接连出了两件事，使他开始反思自己，反思自己的生活。一是他的母亲去世了，他觉得自己愧做儿子；二是他的妻子向他提出了离婚。这时乔舒亚·贝克尔感到自己无比伤心和挫败。他认为自己"过于追求物质，不但没有得到幸福，反而失去了真正的幸福"。他问自己："为什么要买这么多自己并不需要的东西呢？"

　　经过反思，他决定改变。他辞去了高薪的工作，并且把家中90%的物品丢掉了，也不再购买不必要的东西，最后只留下了他认为不可缺少的288件物品。从此他过起了极简生活，他不但没有感到空虚，反而内心越来越充实。由于有了空闲的时间，他把小时候要成为作家的梦想又拾了起来，他拿起了笔，并且在两年后成了畅销书作家，并写出了《极简》这本书。

　　从这个案例可以看出，乔舒亚·贝克尔改变了生活态度，他由过度追求物质财富，到过极简生活，他说："我丢掉了90%的东西，生活却幸福起来。"所以他倡导："我们丢弃生活中那不重要的90%，剩下的10%会让我们收获更多。"

　　极简主义生活的态度就是不要购买不需要的东西，抛弃多余没有用的东西，摆脱对物质的执念。过极简生活，不但能使生活简单极致，而且会更幸福。生活不止要做加法，更要做减法，极简的心态会让生活变得更精致。

　　日本的极简主义者佐佐木典士就曾说过："物品不是我们的主人。"他就是在丢弃98%的家当，过上极简生活时，迎来了人生的逆袭，由一名小编辑成长为一家出版社的副总编辑。同样，在工作中，也需要极简主义，例如避免一些无聊的应酬、不必要的人际交往和不重要的工作，把时间和精力都用在最重要的工作上，这才能提高工作效率。

极简是一种生活态度，就是让人们的工作和生活能够"化繁为简"，减轻人们的压力和负担，从而让人们放松地享受闲暇时间，恢复精力，然后更加专注而有效地工作。

| 你的心态要正确 |

有人说二十世纪最伟大的发现，并不是划时代的技术突破，也不是新领域的研究进展，而是改变心态就可以改变命运这一观点。美国著名社会心理学者马斯洛说："心态若改变，态度跟着改变；态度若改变，习惯跟着改变；习惯若改变，性格跟着改变；性格若改变，人生就跟着改变。"马斯洛的这句话说明了，为什么心态能改变命运。

所以无论遇到什么情况，我们都要以正确的心态去对待。同样一件事情，如果你以正确的心态去对待，就可能是机会；如果你以消极的不正确的心态去对待，事情的结果可能就比较糟糕。

杨绵绵是海尔创始人张瑞敏的得力助手，在海尔创立之初，杨绵绵出了很大力，做出了很大的贡献。但是在发年终奖时，杨绵绵没有比别人多一分钱。这时她的一位好朋友对她说，你为公司做了这么大的贡献，奖金和我们一样，真是不公平。而杨绵绵却说，公司刚起步，比较困难，能发奖金就不错了。如果我拿的奖金多，就会有人觉得不公平，大家不团结，怎么在一起做大事呢？

　　在面对个人利益得失的时候，杨绵绵的良好心态让人敬佩，她这种心态就是一种正确的心态，所以她得到了张瑞敏的重视和信任。假设杨绵绵在遇到这种不公平待遇的时候，没有用正确的心态来对待，只考虑自己的得失，就不会成就自己在海尔的辉煌事业。可见，一个人心态的正确与否，会直接影响个人的前途。

　　抛下杂念与个人恩怨，专注工作，在这方面曼德拉堪称典范。

　　曼德拉被关进监狱二十多年，并且在监狱里常受到狱警的虐待。政府迫于压力在1990年释放了他。在他走出监狱的大门时，他说："当我走出囚室，迈过通往自由的大门时，我已经清楚，自己若不能把悲痛与怨恨留在身后，那么我其实仍在狱中。"他在精神上对自己进行极简，目的是把自己的精力投入南非的建设中。正是由于曼德拉具备这样伟大、正确的心态，使他不仅塑造了一个新南非，也使他成为举世公认的伟人。可见，心态的力量是多么伟大，它能重新塑造一个人。

　　在工作中我们也要有正确的心态。在职场上我们常会发现这样的问题，很多员工把自己与管理者对立起来。而你要做的就是要有正确的心态，不要受这些人的影响。在工作中你要站在管理者的角度上思考问题：

　　1.与管理者的立场保持一致，学会从他们的角度看待工作中的问题；

　　2.工作时要尽心尽力，遵守规章制度，并尽力把工作做到最好。

　　当你有了正确的心态，你就不会怨天尤人，也不因遇到挫折而放弃，你会保持斗志，积极向上。你不会因别人的看法而改变自己，也不会因别人的打击而放弃自己的立场。

　　所以，如何看待事物，取决于看待事物的心态。相同的事物，有的人看到的是机会，有的人看到的是危机，其中的区别就是看待事物的心态不一样。心态是一个人做事的基础，只有正确的心态才可能带来好的结果。

| 从别人的错误中吸取教训 |

在生活中，很多人喜欢研究成功学，喜欢关注别人成功的故事，甚至模仿别人成功的经验。然而，要知道成功是不可复制的，而失败却是会重演的。所以，学习别人成功的经验，不如从别人的错误中吸取教训，避免自己重犯类似的错误。马云说："如果我们不从别人的错误中学习，我们迟早有一天也会受到同样的挑战。"

马云在一次演讲中说，阿里巴巴很幸运成功了，但是绝大部分人没有成功。成功的原因很多，而失败的原因也都差不多。马云建议，如果你想去创业，就要多花点时间思考别人为什么失败，而不要只去思考别人为什么成功，因为成功的原因有很多。

马云还说，他的同事本来都很聪明，但是去MBA学习回来后，就比较傻了。原因是MBA的案例教学，都是讲别人是怎么成功的。当他们学了太多别人成功的事情后，反而不知道别人是怎么失败的，结果就使自己飘飘然。

所以，在阿里巴巴成立的前几年，马云每发现一个公司是怎么失败的，就会把这个公司失败的案例发给所有同事。他要让大家知道这件事情，并记住别人犯这样的错误，自己也会犯。只有避开那些经常犯的错误，你才有可能成功。

无论企业还是个人，要想取得成功就要少犯错误。而要使自己少犯错误，最好的方法就是吸取别人常犯错误的教训，使自己避免重蹈覆辙。从别人身上吸取教训，这也是马云很重视的，只有看透了别人的失败，并吸取教训，才能使自己走向成功。

所以，从别人的失败中吸取教训，比学习他们成功的经验更管用，这样可以减少自己失败的概率。巴菲特曾经幽默地说："当说到从失败中汲取经验时，我笃信最好还是从别人的失败中来学习吧，越多越好。"巴菲特的搭档查理·芒格每年都要读上百本人物传记，目的就是从这些人的人生中学习经验教训。所以，巴菲特忠告：不仅要从自己的错误中吸取教训，更要从别人的失败中吸取教训。从别人的错误中吸引教训，才能使自己少走弯路，更快地走向成功。

| 把工作当成一种享受 |

对待工作，不同的态度决定了对工作的感受不同，把工作当成谋生的手段，可能对工作没有激情，甚至感到工作是乏味的，是一种苦役，对工作会产生抵触心理。而把工作当成事业，就会对工作充满激情，把工作当成一种享受，这样的人常常会在工作上取得常人难以企及的成就。

大疆无人机的创始人汪滔，拥有300亿元身家，他是"80后"最富有的白手起家的富豪。

汪滔的成功与他对工作的狂热是分不开的。当初他在宿舍进行创业的时候，常常工作到凌晨。就是现在，他每周也工作80个小时以上。在他办公桌旁放着一张单人床，工作很晚时，他就直接在办公室休息。在汪滔办公室的门上，写着这样两行字："只带脑子""不带情绪"。虽然他现在拥有了4000多名员工，但是在工作上他没有丝毫懈怠，像刚创业时一样，一丝不苟。

很多人一听到"工作狂"这个词，就感觉这样工作很"辛苦"。但是对

"工作狂"来说，他们并不感觉工作"辛苦"，他们对工作充满了激情，他们是在享受工作。然而，在工作中，很多人经常表示自己工作愉快。但是工作愉快与享受工作是两回事，工作愉快可能表示你的工作很轻松，稀里糊涂地混一天，也会工作很愉快。但是愉快的工作只能保持一时，会随着新鲜感和兴奋感逐步消失而衰退。而享受工作则不同，它能保持长久的激情，并享受工作带来的乐趣。

所以，如果不喜欢自己的工作，甚至讨厌自己的工作，那么就体会不到工作的乐趣，甚至会感到工作枯燥、乏味。只有把工作当成是自己的事业，一个人才能迸发出激情，激发出自己的潜能。再加上自己的努力，不仅会有成就感，而且最终也会成就自己。

乔布斯曾说："工作将占据你生命中相当大的一部分，从事你认为具有非凡意义的工作，方能给你带来真正的满足感。而从事一份伟大工作的唯一方法，就是去热爱这份工作。"所以，在漫长的职业生涯中，我们只有赋予工作于非凡意义，热爱自己的工作，我们才能体会到工作的乐趣，才能真正地享受工作。那么，我们如何才能把工作当成一种享受呢？

1.心态积极

对工作保持积极的心态，我们就会感到愉悦；对工作保持消极心态，工作于我们就是一种痛苦。所以，要把工作当成一种享受，就要保持积极的心态。只有心态积极了，无论我们干什么工作，无论在什么环境下，才会感到快乐。

2.投入

为什么有的人一工作起来会忘记吃饭、睡觉，就是因为他们太投入了，完全沉浸到工作当中去。对他们来说，工作能给他们带来满足感，工作是他们最大的享受。

3.淡泊名利

我们不是不需要名利，而是不能过分追求名利。当一个人淡泊名利的时候，就没有了心理包袱，就能轻装上阵，这样才能真正把事情做好。

4.善于合作

任何一项工作都需要别人的支持与配合，所以善于与人合作，共同把事情做好，体会到工作的乐趣，也是对工作的享受。

比尔·盖茨曾说过："成功的秘诀是把工作视为游戏，这似乎就是所有成功者的工作态度。我们可以尽力找出能令我们兴奋的事来，把许多游戏时的方式带到工作中。"很多人认为玩游戏是一种享受，按游戏的方式来工作，就是在享受工作，这也是很多成功人士对待自己工作的态度。

| 不要抱怨 |

在生活和工作中，总有人喜欢抱怨，不是抱怨生活不如意，就是抱怨工作不顺心。碰到不如意的事时，就开始抱怨。其实，每个人的生活都不是一帆风顺的，都有不如意的时候。"人生不如意之事十之八九"，如果稍不如意就抱怨连连，会使人丧失斗志和激情。

然而，凡有成就之人，他们都有不抱怨的习惯。他们知道抱怨解决不了任何问题，反而徒增自己的烦恼。是自己的事情，抱怨是没有用的，自己不干没有人替你干。抱怨，"抱"不来金砖，只会抱来烦恼。所以，要少一些抱怨，多一些务实。这样才能把精力投入到工作中，靠自己的实际行动使事情出现转机。

有一家美国大公司的老板向员工们分享了他年轻时候的故事，他出生在一个贫民家庭，父母都是普通的农民。在12岁的时候，他就出去给别人擦皮鞋，送报，赚钱补贴家用。由于家里贫穷，16岁时他就辍学了，去做了一名锅炉工。20岁，他在建筑工地上做学徒。

后来，他又换过很多工作，没有一件干成的，最穷的时候他睡过大街、桥洞。他也开过一个小加工厂，但是由于经营不善，在他35岁那年倒闭了，此后他背负了巨额外债。可以说，35岁之前他是一个十足的失败者。

但是，为了家庭生计，他不得不外出打工赚钱养家糊口。他在一家机床厂找了一份推销员的工作，就在他上班的当月，他推销出去两台机器。发工资后，他去超市买了一大袋食物，要让自己的妻儿饱餐一顿。那天回家后，他对妻子发誓，从此以后不会让她再为温饱发愁。后来经过他的努力，他开办了公司，经过努力终于做到了今天的规模。

从这位企业家对自己经历的叙述中，我们听不到一句抱怨。他出身低微、学历不高、创业失败，面对这些问题他从来没有抱怨，而是努力地改变，这也许就是他最后能成功的原因。然而，我们很多人常常陷在抱怨的漩涡中不能自拔，常常抱怨自己出身不好；抱怨自己没有好父母；抱怨自己运气不好等。

然而，抱怨不但无助于问题的解决，还会带来意外的烦恼。抱怨的结果是损人不利己，所以马云对年轻人强调，不要抱怨，要反省自己。他还做过一次题为《不要抱怨》的演讲，就是告诉年轻人要做好自己不要抱怨。

抱怨无助于事情的解决，只有做出改变，才会给事情带来转机。当我们内心有抱怨的念头时，应该立刻有所警觉，学会反省自己，做一个不抱怨的人。

| 保持积极的心态 |

美国成功学大师卡耐基说："我确知世间男女有能力克服忧虑、恐惧，以及各种疾病，只要改变想法，就能改变人生。我百分之百确信！因为我目睹这种转变不下数百次。多到不容我再有任何怀疑。"卡耐基所说的"改变想法"，其实就是改变心态，只要以积极的心态应对，就能"克服忧虑、恐惧，以及各种疾病"。

心态积极的人，能够乐观地面对人生，无论遇到什么情况，他们都会以积极的心态去面对，积极地去找解决的办法，而不是一味地怨天尤人。

马云在创业过程中经历过很多失败，由于他拥有积极心态，面对失败他从没有放弃。如果马云在经历一次、二次失败后，就放弃了，那么就不会有他后来的成功。马云认为，做人就要有积极乐观的心态。成功学的始祖拿破仑·希尔说："一个人能否成功，关键在于他的心态。"从古到今，很多历史经验也告诉我们，积极的心态能帮助我们获取幸福、财富和健康。

所以，在面对问题的时候，只有拥有积极的心态，才能积极寻找解决之策。有人说："拥有一种积极进取的心态，胜过拥有一座金矿。"可见，积极的心态对人是多么重要。

　　很多事情我们是不能改变的，唯一能改变的是我们自己。所以，我们要以积极的心态面对所遇到的问题。同样一件事，有人看到的是希望，有人看到的是迷茫，之所以会不同，是因为心态不同。在工作和生活中，我们可能遇到很多不如意的事情，如果我们能保持积极的心态，那么我们的生活就会充满阳光。

　　美国成功学者拿破仑·希尔说："人与人之间只有很小的差异，但是这种很小的差异却造成了巨大的差异！很小的差异就是所具备的心态是积极还是消极的，巨大的差异就是成功和失败。"所以，在生活和工作中，我们要保持积极的心态，快乐地工作和生活，从而收获美好的人生！

| 华为——"板凳要坐十年冷" |

华为公司从创业时的小作坊式贸易公司，经过短短二十多年的发展，就成为世界500强企业。很多人在惊叹华为快速发展的同时，也在研究华为为什么发展得这么快。其中一个重要的原因就是先打好基础再发展。

在华为有一句很有名的口号，就是"板凳要坐十年冷"，就是号召华为人要耐得住寂寞，沉得下心，从小事做起，从基础做起，先坐冷板凳，把基础打牢。任正非说过："高科技领域最大的问题，是大家要沉得下心，没有理论基础的创新是不可能做成大产业的。'板凳要坐十年冷'，理论基础的板凳可能要坐更长时间。我们搞科研，人比设备重要。用简易的设备能做出复杂的科研成果来，而简易的人即使使用先进的设备也做不出什么来。"所以，华为非常强调打基础。

很多进入华为的人都是顶着博士、硕士头衔，毕业于名校的高材生。他们刚进入华为时，都是踌躇满志、信心满满，要在华为这个地方干出一番事业，出人头地。然而，在华为即使你能力再强，学历再高，也要有一颗"板凳要坐十年冷"的"平常心"，先要从基础工作做起，安心自己的本职工作。

有一位清华毕业的博士，在他刚进入华为工作时，领导让他从事电磁元件的工作。当时他非常想不通，认为自己是一个堂堂的电力电子专业博士，做这样的工作是大材小用，就有了一种不被重用和被埋没的感觉。

这位博士认为自己应该干项目，而且是大项目，做电磁元件这样的"小事"，既没成就感，也没有前途。他也认为自己不值得为这些"小事"付出时间与精力，不值得去坐这种冷板凳。由于是领导安排的工作，他也只好硬着头皮去干了。随后发生的一件事情，让他认识到自己以前的看法是错误的。

由于电源产品的不稳定，造成了系统瘫痪，给公司造成了巨大的损失，使公司丢掉了5000万以上的订单。经过分析故障原因，是电磁元件问题造成的，研发部把解决电磁元件故障的重任交给了这位博士。由于他没有设计电磁元件的经验，在领导和同事的帮助下，经过多次的反复与失败，才理清了思路。

有一次，他在调试电路板时，几天都调试不通，感到很沮丧。这时，主管领导询问了情况后让他休息一会儿，自己开始调试，很快就把问题解决了。原来是一名新员工把一个变压器焊反了，就是这个小失误使联调进度延误了好几天。这件事使他认识到，电磁元件虽小，里面却有大学问，只有潜下心来，才能把电磁元件真正搞明白。

从这个博士的思想转变历程来看，这也是华为公司强调"板凳要坐十年冷"的原因，这也是任正非强调"要耐得住寂寞，板凳要坐十年冷，特别是基础研究"的原因。俗话说"基础不牢，地动山摇"，说的就是要打好基础。只有基础打牢了，万丈高楼才能平地起。

古往今来，凡是取得成就的人都是能耐得住寂寞的。李时珍为写《本草纲目》花费了29年；曹雪芹写《红楼梦》披阅十载，增删五次等。马云也说："创业者要耐得住寂寞。"可见，耐得住寂寞是取得成功的基础。

然而，现在很多人太浮躁了，新东方创始人俞敏洪说："现在我们遇到的麻烦，就是年轻人心态浮躁。"很多人一创业就想取得多大的成功，一做生意就想一夜暴富，一工作就想做到经理、主管等，由于心态的浮躁，使很多人不能静下心来把事情做好。所以，在这个浮躁的时代，我们要摆正自己的心态，像华为要求员工那样"板凳要坐十年冷"，打好基础，再求发展。

02

融入：融入团队，成就自我

　　单个人的力量是渺小的，一个人要想成就一番事业或者干好工作，离不开团队的协助。在团队中才能使自己的价值最大化，所以我们在工作中要尽快融入团队，成为团队的一份子，在与团队一起奋斗中成就自我。

尽快熟悉企业文化

荷兰心理学家吉尔特·霍夫斯泰德给企业文化下的定义是：文化其实是在一个环境下，人们共同拥有的心理程序，他能将一群人与其他人区分开来。

即使再小的公司也有自己独特的企业文化，尽快熟悉企业的文化，有利于顺利开展工作。企业文化就是在这个企业里做事的方式。

在一个企业里，新加入的员工只有尽快熟悉企业的文化，才能快速地融入这个企业。很多企业的管理者非常重视企业文化的建设，对招聘的每批新员工都会进行企业文化培训，目的就是让他们快速熟悉企业文化，融入团队。

华为公司在创立之初就已经意识到了企业文化的重要性，所以任正非就曾说："资源是会枯竭的，唯有文化才会生生不息。"华为从1996年开始研讨基本法，随后用两年时间完成了华为基本法的定稿，华为基本法其实就是一部华为文化的概括。

常言说"物以类聚，人以群分"，意思是说同类的东西才能聚在一起，志同道合的人才能相聚成群。对于企业来说，使员工聚在一起的就是企业文化。只有认可和实践企业的文化，才能融入企业这个团队中。

对企业来说，为让员工尽快熟悉企业文化，就要对新员工开展企业文化培训。只有让员工了解了企业文化，才能使他们逐渐适应工作环境，更快进入工作状态，提高工作效率。这样既能使企业节省训练成本，又能获得最大效果。

那么，新员工如何才能尽快熟悉企业文化呢？下面几点可以作为参考：

1.要认同企业的经营理念

企业的经营理念是企业的经营目标，员工只有认同企业的经营理念，才会在工作中自觉践行，并形成信念，进而激发工作热情。

2.学习企业精神

企业精神是企业对员工提出的行为准则，员工只有学习企业精神，才能知道在这个团队里应该如何做事，如何与他人进行合作。

3.维护企业形象

对员工来说，维护企业的形象，就是建立自己的形象。维护企业形象也是热爱企业的表现，只有热爱这个集体的人，才能被这个集体所接受。

所以，在一个新的集体里，要想被这个集体快速接纳，就要认同企业的经营理念，学习企业的精神，维护企业形象。这些都是与企业的文化密切相连的，所以，要想尽快地融入一个企业，就要先从熟悉企业的文化开始。

| 切记，要对事不对人 |

无论在生活中还是在职场上，很多人对别人提出建议或批评时，常说自己是对事不对人。然而，由于很多人不懂得对事不对人的真谛，往往造成了对人不对事的结果。我们先看一个小案例：

某企业的一个生产部门完成了一个订单，但是在出厂时质检部门认为产品质量不符合要求，坚持不让出厂。生产部门的经理找到质检部门的经理说好话。好话说了一大堆，质检部门经理就是不放行。最后生产经理不满地对质检部门经理说，"你这是不信任我，如果产品到了客户手里，遭到客户投诉，我负责任。"质检部门经理也生气地说，"要是出了问题，你能负起责任吗？你的能力有多大？"

我们看看这个案例，产品质量不合格，质检部门经理不让出厂，做得完全正确。然而两位经理在沟通这个问题的最后，已经不是再说产品的问题，而是说到对人的"信任"和"能力"上了。沟通已经不是"对事"了，而对人论事，这样的沟通肯定不会有好结果，甚至会导致同事之间产生矛盾。

"对事不对人"就是在沟通的时候，只谈论事情本身，而不涉及人的道德水平、能力、个性等人格层面。然而在职场上，有些人打着"对事不对人"的旗号，做出的事，说出来的话却是"对人不对事"，这不仅会伤害同事之间的感情，也会影响工作。

在工作中，同事的一些行为可能给工作带来麻烦，甚至是损害企业的利益。但是他们的所作所为，只是做错了事情，如果你指责、埋怨他们，甚至上升到个人的人品，对他们进行人身攻击，就会引起同事的怨恨。即使你觉得同事一无是处，也不要对他们进行直接的评价。

因为，人的天性是讨厌别人对自己的道德水平、人格等进行贬斥。在职场上，同事之间产生矛盾，很大的原因就是在沟通问题时，对人不对事，互相进行伤害。而有的人在职场上处理问题时，就做到了对事不对人，不仅事情得到了解决，也维护了同事之间的友情和团队。有一个公司的经理，因为一个员工犯了错误，给公司造成了损失。经理把这个员工狠狠批评了一顿，使他接受了教训。而下班以后，这个经理碰到这个员工又亲切地和他打招呼，让员工很感动。当有人问这位经理，这个员工犯了错误，为什么还对他这么客气呢？这位经理回答，他是在工作上犯的错误，现在下班了我何必耿耿于怀呢？

这位经理的处事方式就是典型的对事不对人，员工犯了错误该批评就批评，下班后该客气还要客气。这种做法不仅有利于改善工作效率，而且也不会导致员工与上司之间的隔阂。所以，在职场上"对事不对人"并不是随口说说，而是要落实到实际行动中，这样才有利于化解职场矛盾，有助于问题的解决。所以，在工作中无论发生什么事情，也不要说同事的坏话，对待同事要永远做到对事不对人。

| 让别人喜欢自己 |

在职场上让别人喜欢自己是一件非常重要的事，别人喜欢你才乐于与你相处，愿意在工作上帮助你，使你少走弯路，早日成功。要想让别人喜欢你，就需要你善于与周围的同事相处，处理好和同事之间的关系。然而，有人就是不善于处理与同事的关系，导致同事们都不喜欢与其相处，结果不仅影响自己的情绪，也不利于自己工作的开展。

刘洁毕业于名牌大学，在一家知名企业做销售工作。工作半年多了，人际关系上总让她感到不适，不仅使她的情绪受到影响，而且业绩也不如其他同事。

为此，她非常苦恼。有一天，她去找学心理学的好朋友诉苦，她对朋友说，自从进入公司以来，她努力让同事和上司喜欢自己。在公司开例会的时候，无论领导的发言多么枯燥乏味，她都一直保持微笑听下去，就是想让领导注意自己，从而赏识自己。

然而，领导从来不委任给她重要的任务，反而一个经常和领导顶嘴的同事升了职。在与同事的关系上，她努力地想讨好他们，想融入团队，可是同事们聚餐、出游都很少叫她。她的朋友听到这里，已经知道了原因所在。然后给她讲了一个"克林顿魔力"的故事。

美国前总统克林顿退休之后，在世界各地进行演讲。有一次他去伦敦，很多人都来听他的演讲，在演讲接近尾声时，尽管有很多人围着他，但是他在人群中认出了古德爵士——一位劳工民意领袖。这时克林顿高喊道："你好啊！菲利普！"他的喊声大得每个人都能听见，古德爵士听到克林顿和他打招呼，也很高兴。克林顿就是有一种超凡的魅力，让他与众不同，所以受到了很多的人喜爱。

她的朋友讲到这里，对她说一个人有魅力的秘诀就是积极主动，这也是一个人受欢迎的关键所在。积极主动的情绪会真正感染别人，但是一定要表现出真诚，如果你不同意别人的观点，无论你挤出多么赞许的微笑，也会让你看起来不真实，因为很多人对假意和假话是比较敏感的。

最后，她的朋友告诉她，受人欢迎的秘诀不是试图讨好别人，而是要先喜欢他人，真诚待人。

刘洁听了朋友的开导后，心情豁然开朗。此后她按朋友说的方法慢慢地改变自己。一段时间后，她就发现同事和上司对她的态度有所改变，她心情也随之好转，业绩也有所提高。

在这个案例中，刘洁由于不善于处理与同事和上司之间的关系，她越是想让别人喜欢自己，别人就越疏远她，这让她很苦恼。她请教朋友后，朋友告诉了她与人相处的秘诀，就是不要试图去讨好别人，而是自己先要真诚待人，喜欢他人。

那么，在职场上如何使他人喜欢自己呢？

1.关心他人要真诚

关心别人不要虚伪，否则不仅不能起到"关心"别人的目的，相反还会让同事讨厌。只有真诚地关心别人，才会使别人感动。

2.保持微笑

相信没有人喜欢一张板着脸的面孔，微笑能表达出你的热情，与别人沟通的时候保持微笑，别人会更愿意与你谈话。

3.学会聆听

很多人愿意表达自己，而不能静下来听别人的观点。如果你在与别人交谈的时候，学会聆听，不仅是对别人的尊重，也能使别人更乐意与你交流。

4.谈论别人感兴趣的话题

人们对自己的事情总是很关心，愿意谈论它。当你谈论别人感兴趣的话题时，别人也会很高兴，并愿意与你交往。

以上几个方面是如何让别人喜欢自己的方法，其实这也是表达自己喜欢别人的一种方法。在职场中让别人喜欢自己是一项很重要的能力，不仅会使自己与同事相处愉快，而且对工作也很有帮助。

| 建立自己的人脉圈 |

人脉是人际交往上不可缺少的一个重要因素，现在很多人已经认识到人脉的重要作用，都想扩展自己的人脉。其实，我们每个人都是从一个圈子走向另一个圈子，在扩大自己人脉的同时，也在建立自己的人脉圈。很多事业有成的人，都有自己独特的人脉圈子。

人们为什么这么重视人脉圈呢？因为人脉圈不仅是多认识几个朋友，而是在这个圈子里的人能够互相帮助、合作共赢。美国成功学大师卡耐基则说："专业知识在一个人成功中的作用只占15%，而其余的85%则取决于人际关系。"所以，这也是人们热衷于建立人脉圈的原因。

其中马云就是一个构建人脉圈的高手，他创办的湖畔大学，有一个重要的功能就是构建自己的人脉圈。马云更厉害的是与各国政要建立人脉，近几年来马云见过很多国际政要。通过与国际政要见面、恳谈，阿里巴巴逐步完成了国际化。

例如，马云在2017年1月和美国总统特朗普进行了会谈。在会谈中，马云和特朗普讨论了贸易、小企业出口等问题，并且马云承诺为美国创造100

万个工作岗位。在会谈之后，特朗普说与马云在就业机会问题上进行了很好的会谈，并称马云是伟大的企业家，他将和马云一起做大事。

马云之所以要与特朗普进行这次会谈，是因为不久前美国政府把阿里巴巴置入了"恶名市场"名单，并且如果美国提高对中国商品的关税，阿里巴巴也将会受到冲击。马云与特朗普会谈结束后，阿里巴巴在推特上发文称，希望通过帮助美国小型企业以及农户向中国的3亿中产阶级出口商品，为美国创造更多的就业机会。马云与特朗普会谈之后，阿里巴巴的股价上涨1.2%，达到了94.97美元。

从马云构建自己人脉圈中的案例中可以看出，阿里巴巴通过与各国政要建立关系，使阿里巴巴走上了国际化发展之路。从马云构建人脉圈来看，这充分说明了人脉的重要性。西班牙著名作家塞万提斯曾说："重要的不在于你是谁生的，而在于你跟谁交朋友。"塞万提斯所说的这句话，就是要人们建立自己的人脉圈。

然而，现在很多刚毕业的大学生到一家公司上班之后，由于脱离了以前自己熟悉的环境，到了一个陌生的环境中，总是感觉不适应。原因就是没有一个熟悉的人脉圈子，那么作为职场新人，该如何建立自己的人脉圈呢？

1.从身边人着手

每一个人的人脉圈都是先从身边的人建立起来的，马云创立阿里巴巴的启动资金，就是从他自己的亲戚、学生、朋友、老部下那里筹集来的。所以，你周围的人就是你建立人脉圈的基础。你以前的同学，你的老乡，你周围的同事，都可以是你建立自己人脉圈的对象。要知道你在一家公司工作最大的收获就是你认识的人，结识的朋友，积累的人脉资源，这些都是你无形的财富。因此，你要与同事、朋友搞好关系，逐步建立起自己的人脉圈。

2.结交重要的人物

管理大师德鲁克说过："清理你的人脉就像清理你的衣柜一样，将不合适的衣服清出衣柜，才能将更多的新衣服放入衣柜。"就是说，我们没有必要对所有的朋友都一视同仁，因为有的朋友是酒肉朋友，所以我们不要把精力都放在他们身上，而是要抽出更多的时间结交重要的人物，这些人对你的帮助会更大。

3.学会与陌生人交际

结识陌生人，进而成为朋友，成为自己人脉圈中的一员，这是一项重要的交际能力。这么做并不是让我们轻易相信陌生人，或者滥交朋友。在结交陌生人之前，我们要有一个良好的判断，看这个人值不值得我们结交，这需要我们有识人的能力。

4.维护好人际关系网络

对于自己好不容易建立起来的人际关系，要用心地进行维护。首先要对朋友忠诚，真诚地赞美他们，特殊的日子给他们送去祝福，在别人遇到困难的时候，给他们提供力所能及的帮助，这些都是维护人际关系的一些技巧。

以上是建立人脉圈的几个方法，希望对大家有所帮助。我们也要知道，建立人脉圈并不是拉帮结派，而是为了在一起互相学习，互相帮助。所以，我们在建立人脉圈的时候，要摒弃那种拉帮结派的思想。

| 为什么华为有一支"狼性"团队 |

华为的狼性文化一直是人们津津乐道的话题，有人赞赏，有人反对，但是不管怎么样，华为依靠狼性文化，打造出了一支狼性团队。华为能从创业初期，几个人的小贸易公司，经过二十多年的发展，成为世界500强跨国公司，就是靠华为的一支狼性团队。要了解华为的狼性，让我们先来看一个小故事。

2014年，西非爆发了埃博拉疫情。当时在西非，其他跨国公司都撤走了自己的员工，而华为的中国员工却留在了受疫情影响的地区。2015年，华为的董事长孙亚芳在公司的报告中说："在危机面前，其他人逃开了，而华为的员工迎难而上。"这些留下来的员工，后来都受到了华为公司的特别嘉奖。

华为的员工像这样在危险和艰苦的地区工作的事例有很多。这都表现出了华为员工不屈不挠的进取、奋斗精神，也是华为具有狼性精神的表现。所以，一个企业的持续性发展，就要拥有一支过硬的团队，而华为公司就拥有这样的一支团队。那么，华为公司是如何打造出这样一支狼性团队的呢？华为打造狼性团队的招数，主要有以下五个方面：

1.打造企业的狼性文化

在电视剧《亮剑》中，主人公李云龙说过这样一句话："任何一支部队都有自己的传统，传统是什么，传统是一种性格，是一种气质，这种传统和性格是由这支部队组建时首任军事首长的性格和气质决定的，他给这支部队注入了灵魂。"李云龙的这句话很好地诠释了一个团队的文化来源，就是与这个团队的创办者密切相关。

说到华为的狼性企业文化，就不能不说华为的创始人任正非。任正非是军人出身，崇拜狼性，他认为企业的发展要像狼一样，所以要向狼学习"狼性"，因此他把这一特性带入企业，打造企业的狼性文化。

2.从招聘开始

优秀的企业离不开优秀的员工，要组建一支优秀的团队，应该从招聘优秀的员工开始。华为为打造狼性团队，从招聘就开始注意了。华为的招聘有两种，一是社会招聘，二是校招。而华为最喜欢的还是校招，因为初出校园的学生最容易塑造。

华为的招聘是非常严格的，需要层层选拔，并分三步走，一是笔试，二是面试，三是考察表现。笔试主要考察应聘者的专业知识，面试不仅考察专业知识，还有应变能力，人的情商、智商等；通过面试的应聘者将受邀参加华为的考察和宴会，这是考察应聘者的表现，只有表现优秀的应聘者才能加入华为。华为这样招聘的目的，就是把符合公司理念和要求的优秀人才选拔出来。

3.培训

入职华为后的新员工都要经过魔鬼般的训练，目的是通过培训新员工遵守纪律、团结合作精神、责任意识，以及不怕吃苦的品质。对新员工来说，只有培训合格后才能上岗。

4.用人

随着华为的发展壮大，它的用人制度也越来越完善。华为制定了非常严格的考核制度，实行末位淘汰制，是去是留都与绩效挂钩。用人制度的完善，为华为打造优秀的团队提供了人才保障。

5.激励制度

有人戏称，要实行狼性文化，要让狼展现狼性的一面，就要给狼吃肉。虽是戏称，却很有道理。没有"肉"吃，谁会拼命？所以，华为在人员的激励上都是大手笔。高薪使华为吸引了大量的优秀人才。在华为，年薪几十万的员工比比皆是，华为对员工的激励不仅在工资上，同时还有股份、福利、医疗等方面。

除了物质激励还有精神激励，华为还设立各种荣誉奖，甚至还成立了一个荣誉部，专门负责对员工进行评奖。华为的激励制度，保证了华为的团队充满活力和战斗力。

可见，华为为打造一支"狼性"团队，从企业文化开始，到招聘人才、培训人才、用人制度，再到激励人才，在这些方面都是围绕"狼性"来做的。所以，华为才打造出了一支让人羡慕和畏惧的"狼性"团队。

03

目标：照亮你前进的方向

　　工作的第一步就是要设置目标，目标就像灯塔，它将照亮你前进的方向。虽然目标并不能决定一切，但是如果没有目标，你将不知道朝什么地方航行，更不知道什么时间到达。目标指引着你前进。所以，无论是企业还是个人都要为自己设置一个清晰的发展目标。

| 一切从设置目标开始 |

　　管理大师彼得·德鲁克在他所著的《管理的实践》一书中指出管理的五大基础之一就是制定目标。他说："管理者要完成的任务必须来源于公司的目标。"很多知名的企业都非常重视目标的设置，例如，可口可乐公司的目标是"永远做饮料世界的第一"，联想集团的企业目标是"未来的联想应该是高科技的联想、服务的联想、国际化的联想"，华为公司的目标是"在电子信息领域实现顾客的梦想，并依靠点点滴滴、锲而不舍的艰苦追求，使我们成为世界级领先企业"等。是目标让这些企业具有长远的竞争力。

　　企业设置目标，是企业发展的动力。那么，个人也需要设置自己的人生目标，或者工作目标，因为成功需要目标作为指引。罗斯福总统的夫人在毕业之际，想在电讯业找一份工作。她的父亲有一位朋友是英国无线电公司的董事长萨尔洛夫将军，她的父亲为她引见了萨尔洛夫将军。当萨尔洛夫将军问她想做什么样的工作时，她回答说，随便吧。这时将军严肃地对她说，没有任何一份工作叫随便，随后又提醒她说，成功的道路是目标铺出来的。

　　马云当初的目标是做点小生意，他创立阿里巴巴成功之后，随着财富的增长，有人问他会不会成为世界首富。马云是这样说的："很多年以前，我跟我的老婆、公司员工张瑛有过一次聊天。我问，你希望你老公将来成为首富吗？她说，首你个鬼啊，你怎么看都不像首富的样子。我又问，你希望我是一个有钱人，还是一个很有钱的人，还是不缺生活费用，同时受人尊重的企业家？她回答，当然受人尊重了。于是我们就定下了这个小目标。"

对创业者来说，设置目标不仅是开始，而且也决定了未来能否成功。马化腾在创业之初，并没有设置宏伟的目标，而是把目标设置到了最低。他认为，在当今的互联网创业环境下，在细分领域还是有很多创业机会的，只要能抓住一个细小的地方，解决人们的一个痛点，就能成功。

一切都是从目标开始的，成功的企业家都是从设置目标开始的，无论当初设置的目标是多么小。只要有目标就有前进的方向。没有目标，就很容易失去方向，就像无舵的船，无缰的马。

无论是个人还是企业，都要设置清晰的目标。有了目标就知道将要干什么，就不会手忙脚乱，工作起来也就更加顺畅。设置目标能将自己的工作变得更简单。

| 知道自己要到哪里去 |

有句话说得好："当你知道自己要去哪里时，全世界都会为你让路。"知道自己要到哪里去，就是要有目标，目标是指引一个人前进的方向。一个人可能不知道自己从哪里来，但是一定要知道自己要到哪里去。

如果没有目标或者丢失了目标，我们就会失去前进的方向，不知道自己要到哪里去。本来很简单的事，如果没有了目标，就会把事情弄得很复杂。例如，有个人想在墙上钉钉子，钉钉子需要站一个小凳子，找到小凳子发现一条腿坏了，然后又去找工具来修理，当用锯子的时候，发现锯子钝了，然后又去找人磨锯子，锯子磨好了，又需要木头，然后又去找木头……这个人忙了很久，结果一颗钉子还没钉好。

这是什么原因呢？就是因为他陷入了事情的忙乱之中，忘记了自己最初的目标，也忘记自己准备干什么，所以才陷入了无绪的忙乱。有些人在做事的时候，认为要把一件事情做好，必须把相关的另一件事情也做好，这样事情就会越做越多，偏离目标也越来越远。结果就是简单的工作，最后搞得很复杂。要想把工作做简单，就是要直奔目标，一切以完成目标为目的，不要受其他事情的干扰。所以，只有当我们有了明确的目标，才知道何去何从。

马狮公司是一家有名的英国服装公司，然而刚开始的时候，由于企业的目标不明确，导致企业运营非常差。

1924年，马狮公司的总裁西蒙·马克斯去美国进行了考察，美国的一些先进理论对他影响很大。考察结束后，他决定对马狮公司进行改革。他为马狮公司制定的改革目标是实现一场社会革命，这次改革造就了马狮公司的成功。

原来，在20世纪的时候，英国有非常明显的社会等级，不同阶层的人服装是不同的。上层社会人士的服装都是时髦精致，而下层社会的人则衣衫褴褛。西蒙·马克斯的改革就是为社会的下层人士提供物美价廉的衣服，以此来打破社会的阶层壁垒。当马狮公司制定了这一战略目标后，就将全部精力用在了实现这一战略目标上。由于马狮公司对这一目标的坚持，最终使其获得了辉煌的成就。

马狮公司的成功，就是找到了明确发展的目标，知道了自己要到哪里去。然后，坚定不移地去执行这一目标，最后取得了成功。所以，无论是企业还是个人，在什么时候都不能忘了自己是谁，自己的目标是什么，想到哪里去。成功的个人或者企业，他们的行为都是受到目标的指引。有了目标，知道自己要到哪里去，内心就有了力量，就不会因迷茫而迷路。

|目标越清晰执行起来越容易|

制定目标的重要性已经被很多人认识到了，只有被具体化、量化的目标才易于执行，因为目标越清晰、越具体，执行起来才越容易。清晰的目标是能够量化的，每前进一步，都能很清楚地知道目标的进展程度。

例如，在一次销售培训课上，有一个学员对讲师说，他一年想赚100万。讲师问他，你如何规划你的目标呢？学员表示不知道，这时讲师对这个学员的目标进行了规划。销售是按业绩来拿提成的，要按照比例提成，要想拿100万的佣金，就要做到300万的业绩。然后，讲师把这些业绩平均到每一天，一天要拜访多少客户才能拿到这么多业绩等。讲师把这个学员的目标进行了量化，最后这个学员清楚地知道了，按照这个量化，他是不可能完成这个目标的。

所以，目标的制定不能凭空想象，凡是拍脑袋制定出的目标都是没有效果的。目标不是孤立存在的，是与执行联系在一起的，不能被执行的目标都是无效的。只有每一步都有非常清晰的目标，才有被执行的可能性。华为公司是一家非常成功的公司，它的成功就是因为它有具体、清晰的目标。

华为公司的战略目标基本上都能百分之百达成，这是因为华为的目标很清晰，知道当前或今后一个时期干什么。只有目标清晰了，执行起来才相对容易。

例如，华为创业初期的目标是"活下去"，这也是华为一直坚持的最高目标，同时也是华为战略目标的最低标准。华为的这个目标是很清晰的，对企业来说，只有先活下去，才有机会发展。如果企业能不能"活下去"都是问题，那么发展就是空谈。

在设置目标上，任正非认为，没有正确的假设就没有正确的方向；没有正确的方向，就没有正确的思想；没有正确的思想就没有正确的结论；没有正确的理论，就不会有正确的战略。对战略而言，一定是基于对未来的大胆假设，才能够制定出合理的行动路径以及战略目标。

可见，华为的成功在于目标的清晰。华为的目标，就像华为前进中的灯塔，这座灯塔指引着华为从一个目标到另一个目标。所以，优秀的企业都为企业制定了清晰的目标，只有目标清晰才能达到想要的结果。那么，怎么才能使目标清晰明确呢？

1.对目标要专注

在目标制定之后，在执行的时候一定要专注，不专注于目标等于没有目标。太多的目标，就会导致打乱仗。所以，简单的工作方法，就是目标制定之后，全力以赴。

2.要明确效益

对企业来说，目标是否清晰，决定着企业效益的好坏。所以，只有战略目标明确，在执行时才有依据，有针对性，效益自然也会提升。

3.目标要切实可行

目标必须切实可行，可望而不可及的目标因为难以达到，结果很容易放弃。如果超出了能力所及的目标，与现实脱节，这样的目标不仅没有效果，也没有意义。

　　总之，目标像灯塔一样，为人们的前行指明方向。目标终归是让人执行的，所以在制定目标时，一定要具体、可量化，只有这样的目标才易于执行。

| 把目标进行细分 |

当面对一个大目标时，很多人都有畏难情绪，就像老虎吃天无从下口，这是很正常的。但是，我们也不能因为目标大，觉得难以实现，就丧失了士气。其实，大目标也是由一个个小目标组成的。我们把大目标进行细分，细分成一个个小目标，把一个个小目标完成，大目标自然就完成了。

对目标进行细分，不仅能使复杂的工作简单化，而且也能提高工作效率，更重要的是还能使人有成就感。

当完成一个小目标时，我们的成就感，会激发出我们完成更多目标的积极性。

宗教领袖罗伯特·舒乐博士在1968年的春天，萌发出一个想法，就是在美国加州建造一座水晶大教堂。他的设想不是建一座普通的教堂，而是一座美丽的宗教伊甸园。有了这个想法后，罗伯特·舒乐博士就把这个想法告诉了当时有名的建筑设计师菲力普·约翰逊，而菲力普·约翰逊告诉他说，建这样一座教堂至少需要700万美元。

而罗伯特·舒乐博士一分钱也没有，他说100万美元的预算与700万美元的预算没有区别，关键是这座教堂要有足够的魅力来吸引捐款。于是菲力普·约翰逊为这座教堂做了一个高达700万美元的预算。

如何筹到这笔款呢？罗伯特·舒乐博士当晚在纸上写下这样十行字：

1.寻找一笔700万美元的捐款；

2.寻找7笔100万美元的捐款；

3.寻找14笔50万美元的捐款；

4.寻找28笔25万美元的捐款；

5.寻找70笔10万美元的捐款；

6.寻找100笔7万美元的捐款；

7.寻找140笔5万美元的捐款；

8.寻找280笔25000美元的捐款；

9.寻找700笔7万美元的捐款；

10.卖掉10000扇每扇700美元的窗户。

随后罗伯特·舒乐博士开始行动，第一年他通过努力募捐到了200多万美元。第二年他推出"水晶大教堂窗户认购方案"，只要付700美元就可以为水晶大教堂捐献窗户，并且可以分期付款，每个月只需支付50美元，分14个月付清。结果不到半年，一万多扇窗户全部被认购。

12年后，水晶大教堂终于竣工，它成为世界建筑史上的经典之作，也成为名副其实的伊甸园。

罗伯特·舒乐博士在想建这座水晶大教堂时，他手里没有一分钱，面对高达700万美元的预算，他把这个目标进行了细分。他细分的方案就是他所列出的十条，把一个大目标，经过细分，变成了可以立即执行的小目标。相对大目标来说，这些小目标容易实现多了。所以，经过罗伯特·舒乐博士的努力，终于建成了这座伟大的教堂。

干任何事情，做任何工作，只要将这个工作分成几部分去做，就会容易得多。可见，小目标是实现大目标的前提，把一个个小目标实现后，大目标也就自然实现了。在目标细分的情况下，每实现一个小目标，就会离大目标近一步，不但能提高工作效率，而且能激发人的成就感。因此，细分目标，成功就变得不再难。

| 先做最重要的事 |

　　一个人每天都要处理无数的事情，很多事情看起来是非常紧急的。例如，电话响个不停，你能不接吗？有一个会议要参加，你能不去吗？有一个客户的邮件要回，你能不回吗？凡此种种，很多人就陷入了事务性的圈子，总感觉有忙不完的事情。

　　在工作中忙碌是可以理解的，也是应该的。但是，如果被杂七杂八的事情捆住了手脚，每天忙些杂事，而忘了做重要的事情，则是一种很危险的工作方法。其实，在人一天所做的所有事情中，至少有80%是不重要的。所以，我们要学会给事情排序，分清轻重缓急，重要的事情先做，不能让一些杂事分散我们的精力。

　　被称为"人类潜能导师"的史蒂芬·柯维说过："世界上最不幸的事，就是你生命中重要的事情，总被推到后面的位置。"所以，他建议重要的事情确定之后，不能让突如其来的事件打乱你的计划。因为，只有把最重要的事情放在前面做，才能提高工作效率。

　　查理斯·舒瓦普是伯利恒钢铁公司的总裁，他虽然懂得管理，但是公司在经营上并不尽如人意。于是他会见了效率专家艾维·利，艾维·利说他能帮助查理斯·舒瓦普把公司管理得更好，查理斯·舒瓦普说能告诉他如何更好地执行计划，在合理的范围内价钱可以由艾维·利自己定。

艾维·利交给查理斯·舒瓦普一张白纸，说这东西能使你的公司的业绩提高至少50%。然后，艾维·利接着说，在这张纸你把明天要做的最重要的六件事写下来。查理斯·舒瓦普写完之后，艾维·利又说，你用数字标明每件事情对于你和公司的重要性次序。

当这一切做完之后艾维·利说，你把这张纸放进口袋里，明天一上班就按照纸上的顺序做事，从第一件开始。第一件事情不完成，不做其他的事情，直到把每件事情做完为止。然后，按照这个方法做后面的事情，直到下班为止。如果你只做完一件事情，那也没有关系，因为你做的是最重要的事情。艾维·利最后又说，你每天都要按照这样的方法来做事，当你感觉这种方法可行之后，叫你公司的人也这样做。如果你觉得有效果，然后给我寄支票来，你认为值多少就给我多少。

他们会见的时间总共不到半小时，几个星期之后，查理斯·舒瓦普给艾维·利寄去了一张2.5万美元的支票。同时还附了一封信，查理斯·舒瓦普在信上说，这是他一生中学到的最有价值的一课。

在这个案例中，效率专家艾维·利并没有告诉查理斯·舒瓦普特殊的管理方法。其实，就告诉他一条，就是先做最重要的事情。可见，先做最重要的事情，是把事情做好的关键。把重要的事情做完不仅能提高效率，也能提高效益。

每个人的时间和精力都是有限的，不可能把什么事情都做好。这时我们要找到最重要的事情，把时间和主要精力花费在重要的事情上，把重要的事情做好了，不重要的事情即使不做，也不会影响大局。所以，在工作中我们把重要的事情做好，就会使工作变得简单，也不至于陷入忙乱之中。所以，一定要记得"先做重要的事"。

| 华为目标管理法：永远不能"先干起来再说" |

华为公司以两万元资金起步，从一个不起眼的小贸易公司，经过二十多年的发展，成为世界500强企业，并且成为通信设备行业中的翘楚。很多人对华为公司的快速发展感到惊奇，不理解，一直想探究华为公司发展的秘密。

也曾有人问华为的创始人任正非华为的发展秘诀，任正非在媒体上分享经验时说了这样一句话："永远不能'先干起来再说'，要以远大的目标规划产品的战略发展。"这句话的重点就是"远大的目标"，可见"目标"是华为成功的一个关键因素。华为为什么这么重视目标呢？因为在这方面华为是有过教训的。

华为某研究所的员工在接到任务之后，没有制定明确的目标和计划，就立即动手开始干。然而，在工作的过程中，由于没有计划，不是缺这就是少那。

到了开发阶段，才发现需要的软件没有购买；该测试了，设备还少几根电缆；各个模块设计编码都已经完成了，因为参数的变化而无法联上，最后不得不返工；还有就是时间点未明确定义，导致工作计划无法跟踪等。到最后，还需要运用一切资源，对出现的问题进行调整和修补才能过关。

一些员工的"先干起来再说"的工作方法，造成了不得不花费大量的时间进行后续的返工。事后，相关负责人感慨道："在做事前一定要先想好该怎么做！"

这是华为在发展初期遇到的问题之一，这些问题往往造成员工们的业绩总是达不到预期的目标。甚至有时候工作的结果与预期的目标相差甚远。后来，华为公司认识到，这种情况发展下去将给公司的发展带来危机。

针对这种情况，华为公司总裁任正非对工作的方法进行了改革，他要求从培训开始，要使每一个员工在工作开始前就必须弄明白以下几个要点：做什么，做多少，在哪儿做，为什么做。正如任正非所说："先瞄准，再开枪。"

在华为的工作法中，就是要先制定目标，做计划，然后再开始干。如果没有目标，虽然看起来工作很努力，但是所做的都是一些毫无目的性的工作，不但造成工作的混乱，而且也容易出现差错。

"先干起来再说"，其实是一种盲目的行动，这样的行动往往目标性不强，带有冒险性，所以很容易造成失败。然而，在工作中很多人都有这样的经历，每天上班后就开始埋头工作。虽然这样的工作态度没错，但是由于没有目标，工作常常处于盲目的混乱状态，不但影响工作效率，而且一旦出错，就会给后续工作带来麻烦。俗话说"磨刀不误砍柴功"，所以在工作时不能抱有"先干起来再说"的心态，事先定好目标，做好计划，是一种很重要的工作方法。

04

计划：告诉你将做什么

古人说："凡事预则立，不预则废。"意思就是做事之前要制定计划，有所准备。所以，在工作之前要制定出计划，不要先射击后画靶子。有了工作计划就有了清晰的工作方向和方法，避免造成工作的杂乱无章，使自己清楚知道下一步要做什么，这样有利于提升工作效率。

| 避免工作杂乱无章 |

中国的先贤早在两千多年前就认识了计划的重要性，在《礼记》中就指出："凡事豫则立，不豫则废。言前定则不跲，事前定则不困，行前定则不疚，道前定则不穷。"这句话论述的就是计划的重要性。著名的经济学家戴尔·麦康基也说："计划的制定比计划本身更为重要。"

然而，现在生活节奏快，人们都很忙，甚至忙到做计划的时间都没有了。但是要知道"磨刀不误砍柴功"，抽出一定的时间做计划，能避免工作杂乱无章、手忙脚乱的现象出现。其实，做好了计划，更有利于提高工作效率，完成工作目标。有一个销售人员年年被评为销售冠军，秘诀就是他非常善于做工作计划。

这个销售人员对计划的重要性非常重视，他第二天要做什么，在前一天都会做出计划。例如，第二天他准备去拜访客户，他就会做好计划，并记录在记事本上，如拜访几位客户，去的路线怎么走，见到客户和他们聊什么，想得到什么信息，分客户的相同点和不同点。把这些内容记下来之后，他还要抽时间拿出来看看，加深自己的记忆。在拜访客户的时候，由于准备充分，客户会觉得他对自己很重视。

同时，他在做计划的时候，还考虑到了突发情况，并做出应对之策。例如，本来计划好第二天去拜访客户，如果第二天突然下雨，或者突然有了别的事情，这种情况下去还是不去？如果不去，自己的目标肯定完不成。在这个时候他就会对事情进行分析，如果第二天下雨，为了完成自己的目标，他将冒雨去拜访客户，不能因为下雨就往后拖。如果遇到第二天有事，他就分析事情的轻重缓急，如果事情比拜访客户还要重要紧急，那么就先处理此事。如果是重要不紧急的事情，他就会先去拜访客户，完成自己的目标，然后再处理此事。

从这个案例中可以看出，这个销售员对自己要求严格，重视计划。不仅为第二天要做的事制定出详细的计划，同时还考虑到了遇到突发情况时的处理办法。就是因为有了详细的计划，他做起事来才能有条不紊，这就是他做销售成功的一个重要原因。

工作计划能有效减少工作中的盲目性，避免工作起来杂乱无章。如果没有工作计划，即使忙得焦头烂额，取得的效果也不会很好。有了工作计划，就会使我们清楚工作的目的和要完成的目标，工作起来就会提纲挈领，抓住重点，不至于盲目而行。那么，在工作中我们如何做计划呢？一般情况下，这三个计划是非常重要的，月计划、周计划、日计划。

1.月计划

月计划是月度工作的总方针，就是在这个月度中要完成的工作。对月计划要制定出详尽的工作计划表，明确工作主线、工作内容、工作要达到的效果，以及完成时间。有了清晰的月度计划，工作才能有条不紊地推进。

2.周计划

周计划是很重要的计划，也是很实用的计划。其实，周计划是对月度计划的细分，周计划更加详细，具体到每一周要做的事情。从计划性上来看，周计划在时间上可控性更强，目标性也更强。周计划对工作更细化，以及完成目标的时间更明确。

3.日计划

很多人不够重视日计划，也不习惯做日计划。其实，做日计划是一件非常重要的事。如果每天都把要做的事情按轻重缓急的次序展开，这样工作起来就不会混乱，有利于提高工作效率。

如果以上三个计划都做好了，在执行的时候就有了方向，就能避免工作的杂乱无章。学会制定工作计划，是我们工作中必不可少的一项功课。计划能使我们的工作变得简单、清晰明了。按照计划按部就班地实施，就能避免工作的杂乱无章，从而提升工作效率，促进目标的完成。

| 为下一步工作做准备 |

计划是为下一步工作做准备，下一步工作要做什么，以及怎么做，都会在计划中体现出来。然而，有些人对计划的作用认识不足，他们认为未来是不确定的，计划没有变化快。他们只看到了变化，但是没有看到计划在变化中的作用。

就像航海一样，在船只航行的途中，是否会遇到风暴这是不确定的，即使天气预报也有不准的时候。为什么航海之前还要做充分的准备呢？就是因为在面对不确定的情况时能够从容应对。如果没有计划，一旦遇到情况变化，就会措手不及，导致失败。如果在计划时失败了，那么在执行上也不会成功。

在做计划时，必定会对将来做一些初步预测，对将来可能发生的事情，以及可能存在的变化进行预测。针对预测后的结果，制定出应对措施，一旦未来真的发生变化，那么在应对时不至于出现手忙脚乱的现象。这也是很多企业花费人力物力制定计划的原因，一些知名的企业家每年都会制定企业的发展计划。

2017年初，很多商界精英针对新的一年做出了计划和展望，下面介绍几位知名的企业家，看他们在2017年是如何计划的。

柳传志对联想2017年的规划是，将继续重点关注金融服务、医疗服务、农业与食品以及创新消费这些联想控股战略聚焦的领域。

百度的创始人李彦宏在2017年看重人工智能，在人工智能上发力。

阿里巴巴集团主席马云说：从2017年起，阿里将不再提"电子商务"，未来十年、二十年只有"新零售"。2017年马云将着力打造新零售。

华为轮值CEO徐直军在2017年要做的是摒弃"经验主义"和"守成心态"，聚焦为客户创造价值，解决客户的问题。

海尔集团董事局主席张瑞敏认为，2017年"人单合一"的模式要进入全球化应用的元年，并且将会遍地开花，在每一个创客身上出结果。张瑞敏提出的这一商业模式，本质上是为提高员工的积极性和自主性。

滴滴的创始人程维在2017年的计划是，提高出行的服务品质，本质上要提升服务业者的社会地位和职业尊严，让司机受人尊敬。

以上是这些商业界大佬们为企业发展制定的战略计划，也就是他们下一步要做的工作。作为企业的管理者，只有事先做出计划，才能使员工知道下一步要做的工作。有了计划，就能使企业上下统一思想，为计划完成而共同努力。

同时，计划在下一步工作中还有以下作用：一是督促作用，因为人是有惰性的，不可能完全靠人的自觉来完成一项工作。而计划能起到督促与监督的作用，保证工作的正常进行。二是提示作用，人在忙起来的时候，很容易忘记一些东西。制定出计划，就能提示人们下一步将要做什么工作。三是起到备忘录的作用，一项工作的进展如何，通过计划就能准确反映出来。所以，制定计划对下一步工作是非常有帮助的，它会使我们清晰地知道将要做什么，不仅有利提高个人的工作效率，也会使企业的工作有条不紊。

| 认识自己的长处和短处 |

为什么有的计划无法完成？计划无法完成的原因有很多，有客观原因，也有主观原因。客观原因是人无法把握的，而在主观原因方面，有一个重要的因素就是计划制定得太高远了，超出了人的能力，要实现难度太大，结果造成计划不了了之。

在制定计划前要了解自己的能力，而一个人的能力，往往表现在长处上。其实，一个人的成功，就是把自己的长处发挥到极致。也就是说决定一个人成功的是一个人的长处，而不是一个人的短处。所以，个人无论制定自己的人生计划，还是工作计划，都要先认识清楚自己的长处和短处，要扬长避短，这样才能完成计划实现目标。

一个人如何才能认识自己的长处和短处呢？首先要清楚自己的定位，就是自己在工作中扮演什么角色。有了清晰的角色定位，就能避免在长处和短处上进行主观判断。然而，一个人想认识自己的长处和短处也不是那么容易的，因为一个人很难认清自己。那么，在认识自己的长短处上，你可以把自己的长处和短处记录下来，让自己的好朋友或可以信任的同事看，让他们做出评价，因为他们站在旁观者的位置，看得比你更清楚。一个人只有清楚地认识了自己的长处和短处，才能更好地开展工作。

任正非曾多次说过，他不懂技术，不懂财务，半懂不懂管理。然而，他却创建了有十几万员工的高科技公司。那么，他是怎么做到呢？

因为，不懂技术，不懂财务，半懂不懂管理是他的短处，但是他能成功，就说明他还有他的长处。他曾经分析过自己的长处和短处，他说他的缺点和劣势都是非常明显的。在他的人生道路上，他就是充分发挥自己的优势，集中精力发挥自己的优点。

任正非还说过，在华为他是"提了桶浆糊，把十五万人粘在一起，力出一孔、利出一孔，才有今天华为这么强大"。从这句话可以看出，任正非的长处，是能把有才干的人集中到一起，大家共同来完成一件事。他的长处就是他有强大的组织能力。

任正非也强调，一个人要发挥自己的长处，而不是弥补自己的短处。因为一个人能做出成绩是由于具备某方面的长处，如果把精力花费在弥补自己的短处上，结果可能就是短处也弥补不上来，长处也没有得到充分发挥。因为，你的短处相对这方面是长处的人，你怎么弥补，可能也赶不上在这方面有长处的人。所以，我们要重视自己长处的发挥。

所以，在制定发展计划时，要了解自己的长处和短处。长处是自己的优势，可以尽情发挥，而短处也必须引起重视。而有时候决定成功与否的，往往是短处而不是长处。"木桶理论"就认为，决定一只木桶能盛多少水，是由最短的那块木板决定的。因此，计划能否完成，与短处有很大关系，所以在制定计划前要认识自己的长处和短处。

| 效率是事先设计出来的 |

工作效率的提高，是可以事先设计的，也就是说通过事先设计就能达到提高工作效率的目的。在你做事之前，提前对工作任务做一个清晰的工作计划，将需要的资源准备充足，这样，在工作时就能在很大程度上提高工作效率。通过做好工作计划来提高工作效率，华为人是有深刻体会的。

华为驻印度办事处的中国籍员工与印度本地员工曾一起合作过一个项目，在项目结束之后，印度籍的项目经理委婉地对一名中国籍华为员工说，他非常敬佩中国人的执着和干劲，但是他建议中国籍的员工在努力工作的同时，要注意更聪明地工作。

原来，中国籍的华为员工，做事虽然快，但是由于事先准备不充分，反而欲速则不达。而印度籍的员工，在做事之前把准备工作做得非常细，包括需求确认、项目预测、项目开发、项目培训计划、项目质量监督计划、项目必要资源供应计划、风险控制计划、项目流程定义等。

等到工作展开后，印度籍的员工需要什么资源时，在手边很方便地就能找到，而中国籍的华为员工，由于准备工作做得不充分，也没有做好计划，需要资源时发现没有，又重新去找，这样浪费了不少时间，结果反而是印度籍的员工提前完成了项目。

所以，印度籍的项目经理才对中国籍的员工建议，在执行计划前，应该做正确的事，然后才能把事情做对，进而把事情做得更好。

在这个案例中，中国籍员工想在工作中提高工作效率，结果欲速则不达，就是因为中国籍员工事先没有做好计划，准备不充分。反观印度籍的员工，事先进行认真计划和准备，看似慢，但是准备工作做好了，真正开始工作时，效率就高多了。这就说明，事先做好计划，是能够提高工作效率的。

然而，有的人觉得事先做计划是在浪费时间，其实做准备工作就是"磨刀"，把刀磨好了，总比钝刀砍柴快。也有人会认为，事先不准备也是能完成任务的。虽然能完成任务，但是我们可能需要付出比别人多一倍甚至数倍的精力和时间，这样效率又何在呢？

所以，永远不能"先干起来再说"，是任正非对华为人的教诲。这也是值得我们认真学习和体会的，在我们接到工作任务的时候，不要先急于去做，而是先仔细想清楚怎么做，事先做好计划和设计，这样才能取得事半功倍的效果。

在做一件事情前，做准备工作确实费时间，由于是在做准备工作，往往看不到成就。所以，很多人不愿意把准备工作做扎实，而急于做工作，想早日看到成就。这种急于做事的心态，往往造成事情要么做不好，要么需要多次反复，不仅浪费了时间也浪费了资源。所以，我们无论做什么事情时，都不要急于下手，而是要做好周密的计划和准备，真正开始做事时才能提高效率。就像在砍柴之前需要磨刀一样，虽然磨刀会耽搁砍柴时间，但是刀磨快了会让你砍的柴又快又多。

05
沟通：沟通到位，工作不累

在工作中，我们离不开与他人的沟通，沟通是否有效、是否到位，关系到工作能否顺利进行。沟通不仅仅是说和听，要想进行有效沟通，还需要掌握一些沟通的技巧。在本章中，将介绍一些在工作中与他人沟通的技巧，掌握了这些技巧，将对你提升沟通能力，顺利开展工作有所帮助。

| 学会多听少说 |

在工作中，很多人在与他人沟通的时候，都习惯于表达自己的意见，而不善于倾听别人的意见。这往往会给沟通带来障碍，影响沟通的效果，进而影响工作的开展。而在沟通中学会多听少说，这对有效沟通是非常有帮助的。

学会多听少说，就是在沟通时善于倾听。在沟通过程中，凡是沟通高手，都是善于倾听的人。其实，倾听不仅是对他人的尊重，也是对他人的一种赞美。很多人都喜欢善于倾听的人，而善于倾听的人，往往会给别人留下良好的印象。更重要的是，在倾听中我们能得到重要信息，有利于我们开展工作。

考温在美国谈判界被称为"最佳谈判手"，而考温有一个很大的特点就是善于倾听。

当考温还是一名推销员时，有一次，他去一家工厂谈判，习惯性地早到了，他就四处走走，找别人聊聊天。这次他在工厂里四处走的时候，碰到了这家工厂的领班，然后考温就和这个领班聊了起来。考温有一种能力，就是他有办法让别人一直说个不停，而他又喜欢听别人讲话。即使不爱讲话的人，碰到了考温也能侃侃而谈。

在考温和这个领班的聊天中，这个领班告诉考温，他用过很多工厂的产品，而只有考温所在的工厂生产的产品能通过他们的检测，符合他们的要求。在聊天过程中，这个领班又问考温，他们工厂的备货快用完了，什么时候能完成谈判开始供货？

善于倾听的考温立即从这个领班的问话中得到了重要信息。当考温与这家工厂的采购经理进行谈判时，就掌握了主动权，成功地按照自己的要求完成了谈判。

从这个故事可以看出，考温是非常善于倾听的，在与别人沟通的时候，他是多听少说，从别人的话语中获取对自己有用的信息。而这些信息会在工作中给他帮大忙，从而使他获得成功。所以，在与他人的沟通过程中，掌握主动权的不一定是说得最多的一方。

学会多听少说，是沟通高手的基本素质。在与他人沟通的时候，善于倾听不仅是对他人的尊敬和礼貌，而且能让你更快地交到朋友，让别人喜欢你。如果不善于倾听，就可能闹笑话，甚至是犯错误。

多听少说，就是要给别人说话的机会。如果你不听别人说话，或是只顾自己一个人滔滔不绝地说个不停，别人就会产生抵触情绪，就不会在意你在说什么，这样不仅浪费了时间，而且也达不到沟通的目的。

那么，如何才能做一个多听少说，善于倾听的人呢？需要注意以下几点：

1.要有耐心

要等待对方把话说完，直到你明白对方在说什么。有些人可能表达混乱，只有你耐心听他把话讲完，才可能明白他的意思。所以，耐心听他人说话才能达到沟通的目的。

2.认真倾听

如果不想与别人说话，可以委婉地找理由拒绝。如果要听就认真地听，如果不认真，装着听，或者开小差，例如看手机、做别的无关事情，这样谈话人就会对你产生不满。

3.适时回应

多听少说，就是让我们多倾听，少说。在倾听的过程中，用少说来回应对方，让对方知道你在认真听，这有助于鼓励别人把谈话进行下去。

在沟通中的多听少说，不仅是一种艺术，更是智慧。那么如何把握这个度呢？我们可能都听说过"二八法则"，这个法则也适用于沟通。就是在沟通中，用80%的时间倾听，20%的时间说话，是比较合理的分配方式。

| 多用礼貌用语 |

俗话说："良言一句三冬暖，恶语伤人六月寒。"说明在人际交往中，使用不同的语言对人所产生的心理效应是巨大的。所以，在人际交往中，说话和气，多用礼貌用语，会让人有如沐春风之感。

使用礼貌用语是对人有礼貌的一种表现，是人际交往中彼此尊重与友好的行为规范。如果与别人沟通中，不懂得使用礼貌用语，不但得不到别人的好感，而且吃亏的还是自己。

古时有一个年轻人骑马赶路，眼看已近黄昏，可是前不着村，后不着店。正在着急，忽见一位老汉从这儿路过，他便在马背上高声喊道："喂！老头儿，离客店还有多远？"老人回答："五里！"年轻人策马飞奔，急忙赶路去了，结果一口气跑了十多里，仍不见人烟，他暗想，这老头儿真可恶，说谎骗人，非得回去教训他一下不可。他一边想着，一边自言自语道："五里、五里，什么五里！"猛然，他醒悟过来了，这个"五里"，不是"无礼"的谐音吗？于是掉转马头往回赶，途中正好碰上了那位老人，他急忙翻身下马，亲热地叫了声："老大爷！"话没说完，老人便说："客店已走过头了，如不嫌弃，可到我家一住。"

在这个故事中，这个年轻人之所以会跑错方向，多走冤枉路，就是因为他对老者"无礼"。在整个问路过程中，没有对老者说一句礼貌的话，对老者很不尊重，老者给他指错方向也是给他一个教训。如果这个年轻人是个有礼貌的人，他在问路的时候会比较客气，相信老者听到这样的话，肯定会乐意给他指路的。在问完路之后，再向老者表示感谢，这就是一个很完美的问路过程。

所以，在沟通的时候，使用礼貌用语是非常重要的，多说礼貌用语不仅表示对他人的尊重，也表现出了自己的修养。因此，多说礼貌用语，有利于双方沟通融洽。然而，礼貌用语有很多，我们该如何使用它们呢？我们要在不同的场合，选择不同的礼貌用语。礼貌用语的用法如下：

1.问候语

问候语只表示一种礼貌，没有场合的限制，双方见面都可以使用。例如，"你好"、"上午好"、"晚上好"等。当与别人交往时，你可以主动问候别人。当别人主动问候你时，你要给予回应。

2.欢迎语

欢迎语是对别人的来访表示欢迎时的礼貌用语，例如，"欢迎您"，"欢迎你的到来"，"见到你很高兴"等。

3.致歉语

当在生活和工作中打扰了别人时，或者因为自己的过错冒犯了别人时，要用向别人表示歉意的礼貌用语。例如，"对不起"、"请原谅"、"很抱歉"、"不好意思"，"打扰了"等。当你真诚向别人表示歉意时，一般都会得到别人的谅解。

4.请托语

就是你向别人提出某种要求或请求时的礼貌用语，在用请托语时，一定要说"请"字，并且在态度和语气上要诚恳，但是不能低声下气，也不能气扬。常用的请托语有"劳驾"、"借光"、"让您受劳了"等。

5.征询语

就是在沟通过程中，需要征询别人意见时的用语，这样会使别人感觉到被尊重。例如，"这件事您怎么看？""您还有意见吗？"等等。

6.赞美语

赞美语是称赞他人时的用语，在沟通中要善于发现别人的优点和长处，并适当地给予别人真诚的赞美。这样不仅能够拉近双方的心理距离，而且也会让别人体会到你的善良品质。常用的赞美语有"您真棒"、"您真了不起"、"太好了"等。当别人赞美你的时候，你要及时回应。例如，"谢谢您的夸奖"、"您过奖了"等。

7.拒绝语

在与他人沟通的过程中，当对别人的要求不好意思直接拒绝时，可以委婉地加以暗示。拒绝语就是让对方意会的语言，常用的拒绝语有"不好意思，我要考虑考虑"，"对不起，我做不了主"，"对不起，我实在帮不了您"，等等。

俗话说"礼多人不怪"，在与他人进行沟通时，多使用礼貌用语，不仅不会使他人反感，相反还能建立融洽的气氛，使沟通顺畅。而不使用礼貌用语，对他人不礼貌的人，就会在沟通中碰壁。

| 要了解别人的动机 |

沟通动机也称为沟通目的，可以说沟通都带有一定的目的性。《孙子兵法》上说"知己知彼，百战不殆"，在与别人沟通中，只有对己方与对方的情况都非常了解，才能做到成竹在胸，游刃有余。

谈判也是一种沟通，在谈判中当你了解了对方的动机后，才能沉着、冷静，不上对方的圈套。有的谈判对手，故意在谈判中设置一些障碍或圈套，如果你不了解对方的动机，那么可能会上对方的当。所以，只有了解了对方的动机，在谈判中才能掌握主动权。

我国有家机械制造厂与美国一家企业商谈机械出口事宜，这家机械制造厂的厂长带领一些技术人员和图样到了美国。谈判开始后，双方因价格问题没有谈拢，导致谈判陷入了僵局。这时对方提出休息一下再谈，中方没有异议。

但是，没想到这一"休息"就是好几天，美国公司一直没有任何答复，也没有恢复谈判的迹象。这时一些参与谈判的人员不淡定了，认为继续拖下去会使谈判告吹。面对这种情况，厂长显得十分冷静，没有任何焦急的表现。

其他人员都不理解，谈判谈到了这种地步，厂长为什么不着急呢？原来，厂长到美国之前，已经对这家美国公司做了大量的调查研究。通过各种信息渠道了解到，这家美国企业已经向日本一家企业签订了购买合同，但是美国为了保护本国的对外贸易，提高了关税，这导致日本企业迟迟没有发货。但是，这家美国企业已经同客户签订了合同，等待机器到位后就投入生产。日本企业产品不能发过来，而中方这家机械厂生产的机器与美国企业需求的型号和产品规格都是一致的，等于解决了美国企业的燃眉之急，美国企业肯定不会拒绝的。所以，厂长才淡定自若，毫不着急。

最终如这家企业的厂长所料，美国企业坐不住了，亲自找中方企业重开谈判，经过双方的商讨，最后达成了双方都比较满意的协议。

从这个案例中可以看出，机械厂的厂长之所以能稳如泰山，就是因为在谈判之前已经了解到对方的底细。在双方谈判陷入僵局的时候，厂长已经知道了对方的动机，所以他才不着急，等着美方企业主动开启谈判，这样就能使自己在谈判中掌握主动权。

在这个案例中，如果厂长不了解对方的动机，当对方摆出不谈判的架势时就慌了神，主动找对方谈判，那么，对方就掌握了谈判的主动权，就会使中方企业在价格上做出让步。

所以，在与别人沟通的时候，一定要了解别人的动机，这样才能有的放矢，使沟通有效。那么，人们在沟通的时候有哪些动机呢？以下几个方面需要注意：

1.说清楚一个事物

说清楚一个事物通常是人们沟通的一个动机，就是通过沟通把这个事物说得很清楚，这样就能达成沟通的目的。知道了这个动机，那么在沟通的时候，我们就要把主要的精力放在说清楚这个事情上。

2.交流感情

有时候人们在一起沟通，不是为了说明事物，而是为了表达自己的感情，使双方建立比较好的关系，以便将来能有所帮助。知道这个动机，如果愿意与这个人交往，那么也要表达出自己的感情，对他们表示出关心。

3.有所企图

在与别人沟通的时候，了解别人的企图，就会让我们在沟通的时候做到心中有数。对于好的企图，我们接受；对于坏的企图，我们要有所防备。

所以，在沟通中了解别人的动机是很重要的，只有了解了别人的动机，我们才能有所准备，才能使沟通达到最大的效果。否则，很可能造成沟通的无效，甚至激发出矛盾。

| 不要随意发脾气 |

在职场上，沟通基本上是为工作上的事情。上下级之间、部门之间、同事之间等，沟通都是为了把工作做好。然而，在沟通中常有不如意的事情发生，面对这种事情的时候，有的人忍不住要发脾气。

但是，要知道发脾气不但无益于事情的解决，而且伤人自尊的语言会使双方产生距离和心结。沟通就是为了解决问题，然而由于随意就发脾气，事情没有解决，还会造成两败俱伤。

小王因公司的人事变动，由客服部调到了总务部。由于总务部原来的行政和人事都已离开，小王来上班时也没有人同她交接工作。而小王从没有干过总务工作，她不得不从头学起。经过两个月的摸索，工作流程她基本清楚了。

有一天，公司经理找小王要一份清单，要核对一下库存。小王就把材料找出来交给了公司经理，公司经理看了材料之后，说库存数量有问题。原来，由于当初没有进行工作交接，小王统计的库存量不是最新的数据。公司经理知道原因后，就对小王发了脾气，由于在气头上，说话也比较难听。

小王受到了公司经理的指责，也上了火。因为她是被空降过来的，前任也没有进行工作交接。并且原来三个人的活，现在由她一个人来做，在短时间内她不能把所有的事情搞清楚。以前有其他部门同事来要数据时，她会说明原因，其他部门的同事都会进行重新核对。而这次公司经理对她进行了当众指责，小王也来了脾气，也不再解释，而是不客气地和公司经理顶了几句。

在这个案例中，公司经理认为小王工作不到位，小王觉得领导不问青红皂白就指责下属有失公允。结果他们两人在沟通时都发了脾气，致使沟通工作变成了吵架。

对小王来说，上司对自己发脾气时，她不是及时进行沟通，把事情解决，而是也发了脾气，一旦发脾气，所说的话所做的事都会偏离解决问题的初衷。结果演变成与解决问题无关的，为维护个人面子的争吵事件。如果双方互不示弱，那么结果就是两败俱伤。

所以，不要随意发脾气，一发脾气就会让你处于被动。尤其你在职场上还处于弱势时，发脾气保护不了你。你要做的就是，在工作中出现问题，面对别人的批评时，你要冷静下来，通过沟通把事情解决好。然后吸取教训，努力把工作干好，提升自己的能力。随意地发脾气，不但无助于解决问题，还会让你成为职场上不受欢迎的人。所以，要记住，不要随意发脾气。

| 知道如何称呼别人 |

在与别人沟通时，对别人的称呼是少不了的。虽然在称呼别人时没有统一、固定的模式，但是选择正确、适当的称呼，既反映自身的教养，又显示出对对方的尊重。一个合适的称呼，会让对方在心理产生出自豪感和满足感，从而愿意与你进行接触和沟通。可见，一个合适的称呼是进行有效沟通的良好开端。

如果对别人的称呼不当，会让别人产生不悦，从而影响与别人的交往。那么，我们在与别人沟通中，如何选择正确的称呼呢？下面是在称呼上的技巧：

一、在职场上的常用称呼

在职场上，大部分公司对称呼是有特殊要求的，总的来说要有庄重、正式、规范感。

（1）称呼别人的职务

在职场上称呼别人职务，既表示自己的敬意，也表示对别人的尊重。在称呼别人职务时，可以只称职务，例如总经理、主任等。也可以用姓+职务，例如，刘经理、张主任等。

（2）称呼别人的职称

有的人虽然没有职务，但有专业技术职称。那么，我们与他们交往的时候，可以称呼他们的职称。例如，王教授、李工程师、张律师等。

（3）称呼别人的学衔

对于有学衔的人，我们可以称呼他们的学衔，例如，对方是一个姓刘的博士，我们可以称呼他为刘博士。

（4）称呼对方的行业

在工作中，我们可以直接以对方的职业作为称呼，例如，老师、医生、会计等。我们在称呼对方职业时，可以加上对方的姓氏，例如，王老师、张医生等。

（5）泛称

指在与别人交往中，都可以使用的称呼。例如，女士、先生、同志等。已婚的或不明结婚与否的都可以称为"女士"，男的称"先生"。

二、注意称呼上的禁忌

1.称呼错误

由于粗心大意，我们可能对别人使用错误的称呼。一般情况下，会出现以下两种错误：

（1）说错别人的姓氏

由于我国有很多汉字是同字不同音，特别是一些姓氏，例如"仇"，一般读作chóu，而在姓氏上读作qiú。所以，很容易说错，为了避免这种情况的发生，在与别人交往时，我们要有所准备。如果是临时遇到，我们可以先向别人请教。

（2）称呼上有误会

一般表现为在称呼别人时，由于不清楚别人的年纪、辈份、婚否，以及与他人的关系等，在称呼上造成误会。例如，对未婚的女士称"夫人"等。

2.称呼不合适

在称呼上也要注意，一些过时的称呼，由于时过境迁，现在还采用已经不合适，所以就不能拿到现代生活里来用。由于我国各地的风土人情不同，每个地方在称呼上也不相同，同一个称呼，在不同的地方可能表示不同的意思。所以，不通用的称呼，我们也不要用，以免造成误会。特别是低级庸俗的称呼，由于不上档次，用这样的称呼来称呼别人时，可能引起别人的反感，所以在正式的场合不要用。另外，有人喜欢称呼别人的绰号，如果关系一般，千万不要称呼别人的绰号，否则会显示出对别人的不尊重。在与人交往中，要尊重别人首先就是尊重别人的姓名，因为每个人都非常看重本人的姓名。

如果我们到一个新环境里，需要与别人交往时不知道怎么称呼别人，最好主动开口问问别人，不能想当然称呼对方，这很可能造成误会。在与别人进行交往沟通时，如何称呼别人是非常重要的。合适、得体的称呼会让对方如沐春风，心情愉快。所以，在与人沟通前，我们一定要知道该如何称呼别人才合适，这样有利于沟通的顺利进行。

| 能听懂别人的话外音 |

俗话说"听鼓听声，听话听音"。就是指在听别人说话时，要听别人的话外音。我们常常羡慕那些口若悬河的人，口才好。能把话说好，固然是一门艺术，但其实，会听话，能听懂别人有些话背后的真实意思，更是一门学问。

在与别人沟通的时候，如果不会听话，那么就不能很好地了解人事、人情，甚至不了解人心。特别是在职场上，话外音已成为交际的重要组成部分，如果在与别人沟通的时候不理解别人的言外之意，就可能使自己陷入尴尬境地。

据一项调查显示，在职场新人中，有超过九成的人，使用或遇到过话外音现象。但是在这些人中，只有不到30%的人认为自己能够听懂话外音，而70%以上的职场新人对话外音摸不着头脑。然而，听不懂话外音，往往会使沟通达不到预期效果，使工作陷于被动。

乔·吉拉德被称为"美国汽车推销之王"，他曾对话外音有过一次深刻的体验。一次，有一个顾客前来向他买车，乔·吉拉德推荐了一款最好的车型。这个顾客对车非常满意，在乔·吉拉德看来，成交已无悬念。但是，在快签单的时候，这个顾客却突然决定不买了。

为此乔·吉拉德非常懊恼，他一下午都在想这是怎么回事，然而他百思不得其解，但是他又非常想弄清事情的原因。到了晚上11点多，他忍不住给那个顾客打了一个电话。乔·吉拉德在电话中说，我今天向您推荐了一款新车，在您就要买下时，却突然走了，这是为什么呢？对方对他说，你真的想知道吗？乔·吉拉德表示非常想知道。

这个顾客对乔·吉拉德说，你当时根本没有用心听我说话，就在签字之前，我提到我的儿子考入了名牌大学，并且我还提到了他的成绩、爱好，以及他的理想，我非常以他为荣，但是你却毫无反应。听完这个顾客所说的原因，乔·吉拉德才知道了他失败的原因，就是没有用心听顾客的话，没有与顾客共情。

在这个案例中，作为汽车销售员的乔·吉拉德只想着把车卖出去，而对顾客所说的话没有认真听。人对自己的事情最关心，特别是自己最自豪的事情。这个顾客以他的儿子为荣，他非常想和别人分享他儿子引以为傲的事。当他兴奋地向乔·吉拉德说起他儿子时，乔·吉拉德却毫无反应，没有听出这个顾客的话外音，结果导致"煮熟的鸭子飞了"。人有时候在说话的时候，不方便或不好意思把话说得太直接，往往采用含蓄的说法。你要想了解对方的真正意思，就要学会听懂话外音。要想听懂话外音，就要了解别人的需求，摸透别人的心理。那么，如何才能听懂别人的话外音呢？下面几个关于听话外音的技巧，希望能对你有所帮助。

1.换位思考

换位思考就是把自己带到别人当时的处境里，我们才可能理解当时别人为什么这么说，又有什么涵义，是说给自己听的，还是说给别人听的。所以，学会换位思考，有利于我们听懂别人的话外音。

2.认真聆听

很多人可能认为听别人说话是一个被动的过程，其实这也是一个以静制动的过程。我们只有认真聆听，才能听出别人说话时的语气、用词、举例等的背后意思。再经过思考，我们才能听出背后的意思，进而了解别人的真实思想。

3.耐心倾听

耐心倾听就是不要随意打断对方的谈话，即使和对方的意见不同，也要耐心等别人把话说完。这样不仅能表现出自己的教养，而且只有听完别人的话，才能很好地理解对方的意思。就是在沟通的时候与别人出现分歧，也要等对方把话说完，然后再去争辩，这样胜算比较大。

4.适时发问

在沟通时，不仅要听，还要会问。当你听出别人一些话外音时，要适时进行提问，让别人进一步把真实的想法表露出来。

5.注意眼神

通常说"眼睛是心灵的窗户"，一个人内心的真实想法，是可以通过眼神显露出来的。所以，在与别人进行沟通时，要注意别人的眼神。不仅要注意别人的眼神，同时也要注意自己的眼神，沟通时眼睛要看着对方，我们就可能从别人的眼神中了解别人的话外音。

在与人的沟通中，能听懂别人的话外音是一项重要的能力。由于一些事情别人不愿直说，或者为了保留面子，别人就会委婉含蓄地说出来，或者话只说一半，背后的意思让你自己去领悟。只有当你能听懂别人的话外音时，才能避免误会，或者避免使自己尴尬，这样也有利于工作的开展。

06

流程：按流程工作很重要

　　简单地说，工作流程就是工作的顺序，也是指工作的环节、步骤和程序。按照工作流程来做工作，就会使工作有序，并提高工作效率。所以，在工作中要养成按照流程工作的良好习惯，这样才能使工作化繁为简，使你更有效率地工作。

| 养成良好的工作习惯 |

菩德迈在《播种论》中有一句名言："播种一个行动，就会收到一个习惯，播种一个习惯，就会收到一个个性，播种一个个性，就会收到一种命运。"这句名言流传很广，它深刻提示了习惯的重要作用。培根也说过："人的思考取决于动机，语言取决于学问和知识，而他们的行动，则多半取决于习惯。"人们之所以重视良好的习惯，不仅对个人的成长有重要作用，而且对做好工作也非常重要。

任何一项工作都有一定的流程，只有按照流程才能把工作做好。要想熟悉流程，就要养成良好的工作习惯。工作的流程，经过反复训练，才能内化为自己的习惯。当养成按流程工作的良好习惯后，才能让自己的工作有条不紊，忙而不乱。

有些人在工作中常抱怨工作不好做，就是因为没有养成良好的工作习惯。而良好的工作习惯养成并不是一朝一夕的事，这需要我们在各方面进行磨炼。大家都说海尔的产品质量信得过，就是海尔的产品很重视细节。

海尔当初是一个快要破产的企业，张瑞敏能带领海尔从濒临破产到发展成为世界500强企业，就在于海尔重视细节，把产品做到极致。海尔人说："没人精彩的细部，就没有完美的全部。"

那么，要把产品做到极致，就要非常重视细节，重视细节需要有良好的工作习惯。为了培养海尔人良好的工作习惯，张瑞敏上任之后制定了严格的规章制度。例如，"不准在车间随地大小便""不准迟到早退""不准在工作时间喝酒""车间内不准吸烟，违者一个烟头罚500元"等，甚至椅子没有放回原位也要被罚款。

曾经有一个高管，有一次因接电话没有把椅子放回原位，就被罚了二十元。海尔就是从这些细节上培养员工认真细致的工作作风。把细节做到极致是一种良好的工作习惯，而良好的工作习惯需要在工作的点点滴滴中进行培养。

海尔为培养员工良好的工作习惯可谓煞费苦心。也许有人觉得这种做法太苛刻，也许有人不以为然，但是要知道任何一个良好习惯的养成，都需要严格要求，从点点滴滴中进行培养。海尔发展到今天，与海尔人良好的工作习惯是分不开的。

马克思曾经说过："良好的习惯是一辆舒适的四驾马车，坐上它，你就跑得更快。"养成良好习惯的过程也许是痛苦的，当你养成良好习惯以后，你就能体会到良好习惯带给你的好处。良好的工作习惯有助于你提升工作效率，能让你忙而不乱，从容工作。那么，我们如何养成良好的工作习惯呢？

1.学会整理自己的办公桌

在办公场所内，你会发现有的人办公桌干净整洁，摆放有序。而有的人的办公桌则摆放得乱七八糟。办公桌整理得是否整洁有序，能对人的工作状态产生微妙的影响。因为它能影响一个人的情绪，情绪会影响工作效率。所以，要学会整理自己的办公桌，在下班之前把办公桌整理一下，只留下与你明天上班有用的资料。在第二天上班的时候，你就不会因为乱七八糟的桌子影响自己的情绪了。

2.做好工作计划

对于做好工作计划有重要作用这一点，前面已经讲过了，这里不再赘述。当我们面对千头万绪的工作时，通过工作计划把工作理顺，分清轻重缓急、主次繁简，这样我们工作起来会更轻松。

3.处理问题果断

当我们在工作中遇到问题，需要自己做决定的时候，如果犹豫不决就会浪费时间，影响工作进度。所以，学会果断地处理问题，有助于我们提高工作效率。

良好的工作习惯有助于我们养成按流程工作的作风，按工作流程去工作，就会把工作变得简单。因为我们知道了每一步工作做什么、怎么做，就会使我们的工作有条不紊。所以，养成良好的工作习惯，就能使我们在工作中不再忙乱。

| 学会化繁为简 |

乔布斯曾说："专注和简单一直是我的秘诀之一。简单可能比复杂更难做到：你必须努力厘清思路，从而使其变得简单。但最终这是值得的，因为一旦你做到了，便可以创造奇迹。"乔布斯是这么说的也是这么做的。苹果手机虽然价格不菲，但一直很受人欢迎。为什么人们热衷于购买苹果手机呢？这与苹果手机的简洁设计有很大关系。

乔布斯重返苹果公司后，一直思考的问题是做减法。他回到苹果后，开始做的第一件事情就是大刀阔斧削减研发项目和人员。当一切精简到不能再精简时，他就开始做他的"简单与专注"。因为他相信，最重要的决定不是你要做什么，而是你决定不做什么。

在电子消费品行业，乔布斯也追求简单，他相信最简单的设计就是最好的。在设计苹果手机时，他的团队曾经提出三十八条理由来证明，手机不可能仅有一个键。而乔布斯却坚持自己的理念，所以才有了后来只有一个键的苹果手机。

在编写用户手册时，乔布斯要求写得简单易懂。他的团队说，我们尽力了，手册高中生都看得懂。但乔布斯却说，不行，要小学一年级也能读懂。乔布斯就是这么简单，甚至在新品发布会上，他总是穿一件白色衬衫，或是套一件黑T恤就出场了。

乔布斯就是这么追求简单，甚至把简单追求到了极致。乔布斯说，他的世界就是这么简单。要做产品时，乔布斯就要求"在简单中做完所有事"和"在做所有事中的那种便捷"。在苹果手机出来之前，我们用的手机都是有很多按键。当一个键的苹果手机出来之后，立马引起了轰动。

乔布斯评价自己说："我有这样一句魔咒——专注与简单。简单之所以比复杂更难，是因为你必须努力地清空你的大脑，让它变得简单。但这种努力最终被证实为有价值，因为你一旦进入那种境界，便可以撼动大山。"可见，想把事情做简单并不容易，而要把事情搞复杂却很简单。无论是在生活中，还是在工作中，总是有人喜欢把简单的事情搞得很复杂，以为这样就能显示出自己的能力，结果把事情越搞越乱，最终搬起石头砸了自己的脚。

有这样一个笑话，古时候有一个迂腐的读书人，他家里着了火。他要到邻居家借梯子，但他必须穿戴整齐才出门，然后迈着四方步到了邻居家。对邻居又是作揖又是客套的，邻居把他请进屋招待他。等过了半天，邻居问他来有什么事，他才说家里着了火，要来借梯子。邻居着急地说，你怎么不早说，家里着了火，还这么客套。结果，由于这个读书人在邻居家耽搁的时间太长，火把他家都烧光了。

这个笑话是在讽刺读书人的迂腐，把一个本来很简单的事情搞得很复杂。其实，在工作中我们很多人也会犯这样的错误，原本是一件简单的工作，一步就可以做完的，却加了很多不必要的程序，结果不但耽误了时间，还会贻误工作，甚至造成经济损失。

所以，我们不要把简单的事情弄复杂，要学会化繁为简，这样才能更有效率地工作。有一个非常有名的故事，爱迪生让他的助手量量灯泡的容量。对于灯泡这个不规则的物体，他的助手画了图，又列了很多公式进行计算。而爱迪生只是把灯泡里注满水，然后再倒进量筒里。你看，这就是化繁为简的方法。

因此，在工作中，我们一定要想办法把事情变得简单。简单是世界上最高的智慧，美国哲学家梭罗就曾说："简单点儿，再简单点儿！"我们千万不能为了显示自己的与众不同，把本来很简单的事情搞得很复杂。我们要做的就是化繁为简，把复杂的事物简单化，一旦你拥有了化繁为简的智慧，你就会进入一个更加广阔的天地。

| 工作要先难后易 |

在生活和工作中，我们经常会遇到难题，在遇到难题时怎么办呢？由于趋利避害、避重就轻是人的天性，所以在遇到难题的时候，很多人都会选择先做容易的事，做完容易的事，再去做困难的事。认为这样循序渐进就可以把事情做好，其实这样做会在思想上强化对困难事情的认知，使困难的事情变得越来越困难。

在心理学上有一个普瑞马法则，说的就是人在做事的时候，要先做困难的事情，然后再做容易的事情。因为普瑞马法则认为："人们把一件困难的事情放在容易完成的事情前面去做，把工作中不想完成的事情放在前面完成，这样做不仅强化了工作能力，增强了效率，同时也让人们意识到，世界上没有什么不能完成的任务。"

普瑞马法则就是在心理上强化你完成任务的力量，当你完成困难的工作后，你会发现困难的工作其实也没有那么困难，从而增强你完成工作的信心。其实，把困难的工作做好了，后面简单的工作就会迎刃而解。海尔在进入国际市场时，就是用先难后易的战略，结果证明这个战略非常成功。

　　海尔在准备进入国际化市场时，所走的国际化道路并不是先选择容易进入的发展中国家，而是选择先进入美国。要知道美国市场是很难打入的，因为美国是一个高度成熟的市场，并且竞争激烈。在美国制造产品，一般都是成本高、利润低。

　　那么，为什么海尔要先选择这条难走的路呢？海尔对此的解释是，28万台是在美国建一个冰箱厂的盈亏平衡点，而海尔的出口冰箱已经超过了这个数字。并且在180升以下的小冰箱市场中，海尔在美国的冰箱市场中已占超过30%的份额。另外，在美国建设冰箱厂能有效规避国际贸易的关税壁垒。在啃下美国这块硬骨头后，再进入一些发展中国家和欧洲市场就容易多了。事实也证明，海尔的先难后易战略是非常正确的。

　　海尔的这种先难后易的作法非常有借鉴意义，先把难啃的骨头啃下来，再去做容易的事情就水到渠成了。可以说，先难后易是海尔进入国际市场成功的重要因素，只有先占领市场的制高点，然后再进入其他市场就容易多了。

　　前面已经讲过，我们要学会细分目标，其实对工作任务来说，我们也要学会分解任务。对任务分解之后我们会发现，即使再难的工作任务，也会有难有易。我们只有先把难做的工作解决了，再解决容易做的工作就易如反掌了。所以，我们在工作的时候，采用先难后易的策略，不仅有助于工作的完成，而且能提高工作的效率。

| 聪明地工作，而不是辛苦地工作 |

　　当提到对工作的态度时，很多人都强调自己工作努力、勤奋，在我们的价值观里，努力、勤奋工作的员工都是好员工，是值得赞美的。但是，努力、勤奋总给人一种苦哈哈的感觉，要知道我们工作看的是结果，没有结果再努力和勤奋也是白搭，因为只有苦劳而没有功劳。所以，我们要学会聪明地工作，而不是辛苦地工作。

　　辛苦工作不一定能把工作做好，而聪明地工作看似不怎么努力，但是工作的效果却很好。这也是有的人在工作时很轻松，效率却很高的原因。蒂莫西·费里斯在他所著的《每周工作4小时》一书里就说："世界上最富有、最成功的人和所有人一样，每天都拥有同样的24小时，每周都拥有同样的7天。而他们之所以杰出，是因为他们更聪明地工作，而不是更辛苦地工作。"蒂莫西·费里斯就是"每周工作4小时"观念的首创者和成功实践者，他通过自己的实践告诉人们，要聪明地工作，而不是辛苦地工作。

　　蒂莫西·费里斯经营着一家营养品跨国公司，另外他还是美国普林斯顿大学企业管理课程的客座讲师，他精通英、中、日、德、西班牙和韩语，他还是全美中式散打比赛冠军，全美无限制格斗的4项世界冠军，同时他还是鲨情观察潜水员、摩托车赛手，甚至还是一项探戈舞吉尼斯世界纪录的保持者。

这么多的成就他是如何获得的呢？这一切都在他那本《每周工作4小时》的书里揭示出来了。就是聪明地工作，而不是辛苦地工作。在书中他举了一个自己亲身经历的案例，在他还是少年时，曾做过电话销售。工作几天后他就发现了一个可以每天节省7个小时的工作秘密，就是他每天只在早上9：00~9：30和下午4：30~5：00这两个时间段去拨打"潜在客户"的企业电话。然而，他的销售业绩一点也不比那些一天8小时守在电话机旁的同事差。

这是为什么呢？因为蒂莫西·费里斯发现，在这两个时段打电话可以直接把电话打给企业的负责人。原因是在这两个时段，企业负责人的秘书要么尚未到岗，要么已经离岗，这时打电话就避免了这些秘书的隔离。在工作中，蒂莫西·费里斯总能发现工作的"窍门"，所以他能轻松高效地进行工作，节省下来的时间他又能干别的事情，因此他年纪轻轻就取得那么大的成就。

蒂莫西·费里斯是一个年轻人，他年纪轻轻就取得了别人甚至一生都难以企及的成就，就在于他是聪明地工作，而非辛苦地工作。从他举自己亲身经历的一个案例看，他就是找到了聪明工作的办法，即使他工作一个小时，销售业绩也不会比工作八个小时的同事差。

那么，我们如何才能聪明而非辛苦地工作呢？以下几点可以作为参考：

1.把第二天的工作想一想

在前一天晚上，我们可以抽出一点时间，把第二天要做的工作想一想，最好能写下来。这样在第二天工作时，就会心里有底。并且要专注要做的重要事情，只有专注于重要的事情，才能提高工作效率，避免被其他事情干扰。把重要的事情做完，再腾出时间做一些其他的事情。

2.注重工作结果

衡量工作的是结果，而不是时间。注重结果就是以结果为导向，而不是看你在做这件事情时花费了多长时间。要想在短时间内完成工作，唯一的方法就是找到工作的"窍门"提高工作效率。

3.不拖延

很多人工作时效率不高，就在于有拖延的习惯。例如，本来想在网上查找资料，结果在网上看到自己感兴趣的内容，就一页一页地开始浏览网页。当意识到自己要工作时，发现时间已经过去了很久。所以，要建立"准备工作"规则，什么时间该做什么事要分清楚，不能因其他事分心而拖延工作。

4.追踪自己在什么事上浪费时间

有时候在工作上效率不高，就是把时间浪费在其他不重要的事情上了。怎么才能清楚地知道自己把时间浪费在别的地方了呢？就是要对自己工作的时间进行追踪，并做好记录。当你发现是什么事情占用了你的时间后，就要改变这些习惯，这样才能提高效率。

5.学会停止工作

要对自己的工作设定停止的时间，到了时间就停止，这样能避免无休止地瞎忙。适时停止工作，也就是对工作有了时间限制，这就会促使我们在规定的时间之内高效完成工作。

以上几个方面能让我们聪明地工作，而不是辛苦地工作。其实，聪明地工作就是要动脑子，找到工作的规律，这样才能花费最少的时间，取得最大的工作效果，这就是聪明而非辛苦工作的方法。

| 做正确的事与正确地做事 |

有句话说得好，"做正确的事"比"正确地做事"更重要，如果做事的方向不正确，那么越努力就会离目标越远。李开复说："做正确的事就是在决定去做一件事情之前，必须首先考虑到这件事情是否是正确的，做这件事情会有什么样的后果，是否可以达到预期的效果，我们的资源是否可以支持我们完成这件事情，简言之，就是我们必须首先明确做这件事情的正确性和可行性。也就是说要保证你的方向没有偏差。"

所以，在我们的工作中，首先要确定正确的工作方向，然后再决定如何正确地做事。做正确的事，就是决策要正确；做正确的事，就是按照做事的流程，以正确的方法把事办好。我们都知道《南辕北辙》这个寓言故事，如果方向错误，就是驾车技术再高，马即使是千里马，离目标也会越来越远。因此，在做工作之前，要确定做正确的事，然后再去正确地做事。

在数码相机出现之前，柯达公司的名字如雷贯耳。在胶卷时代，柯达是全球当之无愧的霸主。在发展的巅峰，柯达的市值高过300亿美元，拥有十几万员工。然而，就是这样一个庞然大物，在新世纪迅速衰落，在2013年申请破产保护。

很多创业公司，好不容易融到了A轮，然而，有60%的创业公司会在B轮之前死掉。即使活到了B轮融资，但是在C轮前仍会有70%的公司死掉。A轮到C轮会死掉88%，这是上市公司统计的数据。

柯达公司的迅速衰落与创业公司等不到上市就挂掉，这是为什么呢？对柯达来说，它是没有做正确的事。虽然柯达最早发明了数码相机，但是柯达没有看到数码相机发展的趋势，把数码相机技术束之高阁，结果在数码时代来临时，柯达就落伍了。而创业公司的失败，在于没有正确地做事，很多创业公司有很好的创意，但是由于没有正确地做事，导致了失败。

在麦肯锡工作法中，有一个最大的秘诀就是：每一个麦肯锡人在开始工作前必须先确保自己是在"做正确的事"。"做正确的事"首先要求决策正确，找对方向、目标。"正确地做事"，就是做事的程序要正确，保证做事的效率。

管理大师彼得·德鲁克在他所著的《有效的主管》一书中说："效率是以正确的方式做事，而效能则是做正确的事。效率和效能不应偏废，但这并不意味着效率和效能具有同样的重要性。我们当然希望同时提高效率和效能，但在效率与效能无法兼得时，我们首先应着眼于效能，然后再设法提高效率。"这句话就是明确指出，要把做正确的事放在首位。如果我们一时不能找到正确的方向，我们也不能盲目行动，最好停下来，避免朝错误的方向前进。正如麦肯锡资深咨询顾问奥姆威尔·格林绍所说："我们不一定知道正确的道路是什么，但却不要在错误的道路上走得太远。"

很多人在工作中只关注如何做正确的事，就是想办法把事情做好，而对做正确的事想得很少。做事只强调效率，会让我们更快地朝目标前进，但是如果做的是不正确的事，那么就会让我们离目标越来越远。

　　而"做正确的事"与"正确地做事"是联系在一起的，"做正确的事"是"正确地做事"的前提和基础，"正确地做事"是"做正确的事"的保障。所以，我们在工作中，要在"做正确的事"的基础上，再认真思考如何"正确地做事"。

| 华为的"压强原则" |

华为公司能在短短二十几年时间里，成长为世界通信网络设备行业的巨头，关于华为的成功，引起了世界范围企业界和管理学术界的关注，他们都想一探华为成功的秘密。华为成功的因素有很多，但是有一个重要的因素，就是"压强原则"。

在《华为基本法》第二十条中对"压强原则"进行了规定："我们坚持'压强原则'，在成功关键因素和选定的战略生长点上，以超过主要竞争对手的强度配置资源，要么不做，要做，就极大地集中人力、物力和财力，实现重点突破。在资源的分配上，应努力消除资源合理配置与有效利用的障碍。我们认识到对人、财、物这三种关键资源的分配，首先是对优秀人才的分配。我们的方针是使最优秀的人拥有充分的职权和必要的资源去实现分派给他们的任务。"对于"压强原则"，华为的总裁任正非做过一个形象的比喻。

华为的总裁任正非曾用坦克和钉子的比喻来说明"压强原则"，任正非说，坦克一般重达几十吨，但它却能在沙漠中行驶。这是因为坦克的履带很宽，宽阔的履带分散了加在单位面积上的重量。而钉子的质量很小，但是钉子却可以穿透硬物。这是因为，钉子有个尖头，它能将冲击力集中到这个小小的尖上。坦克能在沙漠上行驶，小小的钉子能穿透硬物，就是由于两者的压强不同。

任正非通过这个比喻说明了，通过减小受力面积，把力集中到一点，才能增大压力。在物理学上，压强等于压力/受力面积，受力面积越小压强越大。华为把这种原理应用在了企业的经营战略上，就是集中力量，进行重点突破。

华为之所以采用"压强原则"也是有原因的，华为公司成立以后，在产品研发上并不具备优势。就像有些学者批评华为那样，华为没有原创性发明，都是竞争对手先做出来，华为在后面奋起直追，华为发展快在于模仿能力强。对于这一点，华为并不避讳。华为公司承认是在西方公司成果的基础上，进行了一些功能、特点上的改进和集成能力的提升。

其实，这是一种"后发制人"的策略，这种策略也有其好的一面，正如任正非所说，省去了"洗市场盐碱地的费用"。由于是后发制人，产品肯定比竞争对手进入市场晚，那么要把损失的时间弥补回来，就要实行"压强原则"。

可以说，在竞争激烈的国际市场上，华为要想突破，采用"压强原则"是一种正确的策略，只有这样才能达到，甚至超越竞争对手。因为人力资源规模的集中，能使华为形成规模优势，在资源配置的强度上超越竞争对手，形成一种不对称竞争。这样就会使华为反应速度快，开发周期短，从而达到后发制人，甚至在一些领域上能先发制人。

那么，华为的"压强原则"对我们的工作有什么启示呢？我认为，在工作中我们也可以采用"压强原则"，就是我们按照工作的流程，集中精力先做重要的事情、困难的事情，当把这些事情顺利解决了，不但能提高工作效率，而且也能更好地完成工作。

07

专注：让你更出色

　　极简不仅是一种生活方式，也是一种工作方式。极简工作法能让你更专注，工作效率更高，当你一次只做一件事，在百分之百投入时，不仅工作效率高，而且也能把工作做得更好。同时，由于你的专注，会让你更出色。

| 乔布斯信仰"少即是多" |

曾经为苹果策划过十多年广告的Ken Segall说："苹果的高速增长都源于乔布斯对极简主义的热爱。这种热爱，甚至痴迷，出现在了苹果的硬件、软件、包装、营销、零售店设计，甚至公司的内部组织架构中。"可以说，乔布斯是个彻头彻尾对自己、对苹果都奉行极简主义的人。

乔布斯之所以奉行极简主义，源于他对"少即是多"的信仰。"少即是多"是德国建筑大师密斯·凡·德罗提出的建筑理念。他主张在建筑艺术的处理上，技术与艺术互相统一，利用新材料新技术为主要表现手段，提倡精确完美的艺术效果。在"少即是多"中，"少"并不是指空白，而是精简；"多"并不是拥挤，而是完美。乔布斯是"少即是多"的忠实信仰者，他把这种理念带入了苹果的产品中。

苹果的产品从外观看就是简单，然而，当你在使用苹果产品的时候，就会感觉到在简单的背后其功能的强大。乔布斯把强大的功能隐藏在了简单的后面。可见，产品强大的功能并不影响其以简单的方式呈现出来，简洁已经成为苹果产品的美学特点。这就是乔布斯坚持"少即是多"的理念，专注于打造简洁的产品。

1997年重新回归苹果的乔布斯，一上任就迅速砍掉了70%的项目，只保留下30%的精华。他为了确定主打产品，又砍掉了近90%没有特色的业务和产品。随后，他专注于iMac、iPod、iphone、ipad等产品和项目的研发。

乔布斯无论从苹果产品的设计、包装，还是到网站的功能，都坚持"少即是多"，他致力于消除多余的元素，而把必要的元素凸显出来。乔布斯是一个敢于"对一千件事情说不"的人。虽然当时在做决定时非常艰难，但是后来苹果产品的热销，证明了乔布斯"少即是多"的过人之处。

乔布斯能带领苹果公司从濒临倒闭的边缘，成为世界上成长最快的公司之一，与乔布斯信仰与坚持"少即是多"的理论是分不开的。在谈到自己的成功秘诀时，乔布斯曾说："专注与简单。简单比复杂更难，你必须努力让你的想法变得清晰明了，让它变得简单。一旦你做到了简单，你就能搬动大山。"

苹果公司的产品是以简洁著称的，无论是iPod还是iphone，乔布斯一直奉行少即是多。对于自己坚持这一"少即是多"的理论，乔布斯也说："我对做过的事情感到自豪，但我对决定不做的事情同样感到自豪。"

由于乔布斯信仰"少即是多"，所以从他的生活到工作都传递着"少即是多"的信仰，因此乔布斯也成了极简主义者。在乔布斯还不到三十岁时，有人曾经去过他家，他房间的摆设非常简洁，房间里只有一张爱因斯坦的照片、一盏Tiffany桌灯、一把椅子和一张床。乔布斯甚至常常只吃一种食物，黑T恤和牛仔裤是他常年的装束。

乔布斯就是由于把极简主义应用到了产品的设计中，所以才给人们留下了深刻的印象。在乔布斯准备进入手机行业的时候，他认为：已有的手机都太复杂，太难操作了，世界需要一款简约到极致的手机。所以，他要求他的设计团队，给iPhone手机的面板上只设计一个控制键。这看似不可能完成的任务，却引领了手机发展的潮流，并且也让苹果公司赚得盆满钵满。

其实，"少"也是一种力量，这个世界上诱惑太多，我们越是什么都想得到，结果可能什么也得不到。因为，我们能把握住的东西其实很少。所以，我们也要学习"少即是多"的理念，通过对"少"的追求，专注于一件事物，才能让我们得到最大的收获。

| 工作要百分之百投入 |

在工作中，我们会发现有的人工作起来很轻松，并且效率很高；我们也会发现，以同等条件入职一家公司，有的人很快就会升职加薪，而有的人则会面临被辞退的风险。为什么差距会这么大呢？这就在于你是否真正百分之百投入了工作。

可能也有很多人会报怨，认为自己已经很努力工作了，为什么自己工作效率和业绩还那么差呢？我们认真想一想，我们工作时百分之百投入了吗？其实，无论我们每个人从事何种职业，都要百分之百地投入其中，这样才能不断进步。这既是工作的准则，也是人生的准则。

除非你不想进步，想得过且过混日子，否则你必须百分之百地投入工作。你未来的成功，你的卓越表现，都需要你在工作上的投入。李嘉诚说过："坦白一点说，我在创业初期，几乎百分之百不靠运气，而是靠自我管理能力、靠工作、靠辛苦、靠工作能力赚钱。你必须对你的工作事业有兴趣，要全身心地投入工作。不能说一定没有命运，但假如一件事在天时、地利、人和等方面都相背时，那肯定不会成功。若我们贸然去做，失败时便埋怨命运，这是不对的。"

从李嘉诚的这段话中可以看出，他的成功并不靠运气。很多人把自己的不成功归咎于运气不好，不可否认，运气会在事情发展中起到一定的作用，然而起关键作用的还是人。有句话说得很好，"越努力越幸运"，幸运与一个人的努力程度是分不开的，当你以百分之百的努力投入一项工作的时候，幸运就会不期而至。

李嘉诚还说"要全身心地投入工作"，全身心地投入工作就是对待工作要百分之百地投入，你对工作投入多少精力，就会有多少回报。有句话说"只问耕耘，莫问收获"，"莫问"收获，不是不管收获，只要你努力了，自然就会有收获的。

百分之百投入工作与你的目标是分不开的，只要你有远大的目标，你就要比别人更加努力地工作。你的每一点努力，都会让你离目标更近一点。为了实现目标，你不能放松，当别人休息的时候，当别人娱乐的时候，你不能浪费时间。鲁迅说过一句有名的话："哪里有天才，我把别人喝咖啡的时间，都用在写作上了。"鲁迅是这么说的，也是这么做的，所以他取得了伟大的成就。

也许有人觉得百分之百投入工作太过苛刻，如果你这么认为，目标就会离你越来越远。当你无法实现目标时，你就会生出很多抱怨、借口。如果你决定要把工作做好，提高工作效率，那么你在工作上就要百分之百地投入。

| 一次只做一件事 |

很多人抱怨工作效率低，并且找了很多借口。那么导致工作效率低的根本原因是什么呢？就是不专注，在同一时间里不能专心一致地做好一件事。提高工作效率的一个重要方法就是，一次只做一件事。

一次只做一件事是解决工作效率低下的良药，因为这样才能把精力专注于一件事上。由于人的精力是有限的，不可能在同一时间做两件以上的事情。管理学大师德鲁克曾说过："我还没有碰到过哪位经理人可以同时处理两个以上的任务，并且仍然保持高效。"对工作来说也是如此，所以在同一时间段内，只做一件事才能保证效率。

曾有人问爱迪生成功的秘诀是什么，爱迪生回答说："能够将你身体与心智的能量锲而不舍地运用在同一个问题上而不会厌倦的能力……你整天都在做事，不是吗？每个人都是。假如你早上7点起床，晚上11点睡觉，你做事就做了整整16个小时。对大多数人而言，他们肯定是一直在做一些事，唯一的问题是，他们做很多很多事，而我只做一件。"爱迪生总结自己成功的秘诀就是，一次只做一件事。因为一次只做一件事才能集中精力把事情做好。

雷军成立小米公司以后，在四年半的时间里只发布了6款手机，分别是小米1、小米2、小米3、小米4、红米、红米Note，平均下来相当于每年只做一款半手机。对于一般的消费者而言，他们并不关心你生产了多少款手机，只要手机自己用着合适就行了。然而，这对手机生产商则不同，很多手机生产商一年内能做几十款到上百款手机，但是消费者真正能记住手机型号的又有多少呢？

雷军曾回顾自己二十多年来用过的手机，他想了几个小时，有几部手机是什么型号他怎么也想不起来，后来在网上查，还是想不起来。当雷军开始做手机时，他就想只做几款手机，在性能、体验上做好，让消费者发自内心地喜欢。所以，他做手机后，不求多，宁愿少做一点，把手机做到极致。在雷军推出小米手机后，几乎每款手机都是爆款。因此，雷军认为：当你做的事情更少的时候，你才真正有更多的精力把它做好。

由于雷军做手机平均一年只做一款半，他的专注创造了奇迹，小米公司成为了全球创业公司里面增长最快的公司。

从这个案例可以看出，小米公司的成功来源于它的专注，只有专注才能把事情做精。所以，一次只做一件事，只有将注意力集中到一个目标上，并全身心地投入，这样才可能获得成功。

很多人觉得工作不好，没有效率，这是因为没有掌握正确的工作方法。这也是成功者与失败者的区别，成功者都是专注于自己的工作和目标，一次只做一件事，并做到最好。所以，一次只做一件事这种工作方法是值得我们学习的，我们要把主要精力用在一件最重要、最能产生效益的事情上，这样才能提高工作效率，把工作做好，并取得成功。

| 要专注于行动 |

"虽然知道了很多道理，但是仍然过不好这一生。"这是一句在网络上很流行的话。因为知道"道理"与"过好这一生"之间，缺少了一个环节，那就是"行动"。

再远大的目标，再完美的计划，如果没有行动，一切都等于零。人们常说，心动不如行动，一百次心动不如一次行动，可见行动的重要性。所以，在我们有了目标之后，就要专注于行动，如果我们不将目标付诸行动，将一事无成。我们要知道，所有成功的人士都是行动派。古人说"坐而议，不如起而行"，只有专注于行动，才能取得事业的成功。

一次偶然的机会，马云去了美国，他第一次接触到了互联网，互联网的强大给他留下了深刻的印象。马云敏感地意识到，互联网将改变世界。

从美国回来后，他决定做电子商务。在当时的中国，很多人根本不知道电子商务是什么东西。有一天，马云把他的朋友、学生、邻居都找来他家，一共二十四个人。马云向他们讲解互联网，由于当时马云对互联网的了解也不是很深，他在台上讲得稀里糊涂，大家在底下也是听得稀里糊涂。

马云讲完之后，二十四个人，有二十三个人反对马云的决定。只有一个人说可以试试，不行再回来。马云想了一晚上，决定还是要干，第二天他就辞职了。

马云的行动能力很强，他勇于把自己的想法付诸行动。马云曾说："不要等到明天，明天太遥远，今天就行动。"在一次演讲中，马云认为很多年轻人，就是想得多而做得少，他说："我看了太多年轻人晚上想想千条路，早上起来走原路。"一个人目标设定得再好，如果没有行动，那么目标永远也不可能变成现实。

成功者都是善于用行动来实现自己的目标的，他们不会心存幻想，坐等机会，他们做的就是立刻行动。很多人都知道这样一个故事，两个和尚一穷一富，他们都想到南海去。富和尚想条件成熟再去，而穷和尚说去就走了。后来，穷和尚从南海回来了，富和尚知道后很惭愧。这则故事就告诉我们，有了目标就立马行动，等待永远没有实现目标的可能。所以，马云说："等待时机成熟再行动，你永远没有机会。"

任何的想法、计划都不能促使你成功，只有行动才是通向成功的捷径。一个人能否成功，关键不在于他是怎么想的，而在于他是怎么做的。想到更要做到，这样才能有助于自己的成功。

行动可能让我们出错，但是不行动，我们永远不知道什么是对，什么是错。正如美国著名成功学大师杰弗逊所说："一次行动足以显示一个人的弱点和优点是什么，能够及时提醒此人找到人生的突破口。"只有通过行动，才能发现自己的优缺点，然后我们通过扬长避短，最终走向成功。

所以，我们永远不要把工作停留在计划和拖延中，我们要做的就是立马行动。通过专注的行动，把我们曾经的心动变成现实。那么，我们如何行动呢？要做好以下三点：观察、学习、行动。如果能做到这三点，那么就会使你的工作更出色。

| 细节是关键 |

相信很多人都听过"态度决定一切，细节决定成败"这句话，"态度"就不用说了，如果没有一个好态度，是干不好工作的。那么，为什么说"细节决定成败"呢？因为细节都是一些不起眼的小事，很多人都注意不到，或者不够重视，结果可能就是这个不起眼的小细节决定了事情的成功与否。

在我们的工作和生活中，处处充满了细节，可以说细节无处不在，无时不在。我们每个人都生活在细节之中，细节影响着我们的工作和生活，甚至是决定成败的关键点。所以，现在细节问题越来越受人们的重视了。

大事是由小事组成的，小事是由一个个细节组成的，只有专注地把一个个细节做好，整个事情就自然做好了。

苹果的产品之所以很成功，就在于乔布斯专注于细节，他在细节的把控上可以说是无人能敌。所以，苹果产品对细节的注重是有口皆碑的。很多产品只注重表面，而苹果的产品不仅注重表面，在很多人不注意，甚至是没有注意到的地方都非常注重细节，例如苹果早期笔记本的弹簧铰链、显示器和键盘的相对位置、电路板以及产品包装。

在苹果产品的设计上，乔布斯重视产品的每一个细节，他要求产品设计和制造的每一个环节都能做到完美无瑕。所以，这就使得苹果的产品受到了消费者的欢迎，这也是苹果成功的一个重要原因。美国一家投行的资深分析师保罗·诺格罗斯曾说："近乎变态地注重细节才是乔布斯的成功秘诀。"

乔布斯为了重新设计OSX系统的界面，他几乎把鼻子都贴在电脑屏幕上，对每一个像素进行比对。乔布斯说："要把图标做到让我想用舌头去舔一下。"凡是苹果的产品，乔布斯是最终仲裁者。对苹果的产品，乔布斯最关心的是与产品有关的细节及其带给用户的体验。

由于乔布斯几乎变态地追求细节，在他的严苛管理下，员工们也近乎"疯狂"般地关注细节。在苹果公司，为用户提供完美的产品是每一个员工进行创新的目标。由于对细节的关注，使苹果的产品成了艺术品。有人说过："我第一次看到iMac时，我知道这不是一台PC，而是一件完美的艺术品。是乔布斯一扫计算机灰褐色、千篇一律的单调，将计算机从充满电路板气味的实验室带进了我们的卧室，并用相对低廉的价格，让我们完成了一次技术与艺术的完美体验。"

乔布斯对细节的追求可谓是穷尽一生，他的这种执着也告诉我们细节决定成败。苹果公司的成功，与乔布斯这种"疯子"般的追求细节是分不开的。格雷格说："你可能经常遇见具有革命性思想的，或对细枝末节一丝不苟的职业经理人，但是只有史蒂夫·乔布斯神奇地做到了两者兼备。"

所以，在工作中我们注重细节，才能把工作做好。福特公司有一个叫汤姆的小职员，他刚进入福特公司时，是从最基层的打杂开始的，哪里需要他就到哪里去。然而，就是从这些打杂的小事，他学到了平时学不到的东西。同时，他也利用这一机会，培养自己的处事经验、技术经验。虽然他做的是打杂的小事，他就是努力把这些小事做好，并提升自己的能力。在工作后的五年里，他在生产汽车的所有部门干过，并掌握了整个汽车的装配过程。此后，他开始崭露头角，并得到了晋升。

从这里我们可以看出，小细节中蕴藏着大学问，注重细节，从小事做起，是走向成功的一条重要途径。因为专注于细节，做好小事，通过刻苦钻研、寻找规律，不断提升自己，才会让你脱颖而出。

| 华为二十年来只做一件事 |

华为的创始人任正非一直行事低调，2016年他罕见地接受了新华社记者的采访。在采访中，当记者问任正非华为成功的秘诀时，任正非认为成功秘诀之一就是专注，二十八年来只做一件事。

他说："华为坚定不移28年只对准通信领域这个'城墙口'冲锋。我们成长起来后，坚持只做一件事，在一个方面做大。华为只有几十人的时候就对着一个'城墙口'进攻，几百人、几万人的时候也是对着这个'城墙口'进攻，现在十几万人还是对着这个'城墙口'冲锋。密集炮火，饱和攻击。每年1000多亿元的'弹药量'炮轰这个'城墙口'，研发近600亿元，市场服务500亿元到600亿元，最终在大数据传送上我们领先了世界。引领世界后，我们倡导建立世界大秩序，建立一个开放、共赢的架构，有利于世界成千上万家企业一同建设信息社会。"

从任正非的回答可以看出，只专注在一个领域，是华为取得成功的秘诀。有句话说得好，"多刨坑不如深挖井"，经营企业也同样如此。只有专注才能专业，只有专业才能做到最好，而华为的成功就是对"专注制胜"这一成功秘诀的最好诠释。

在华为成长的过程中，确实也遇到很多诱惑，但是华为都不为所动。特别是近十年来，由于房地产的火爆，有很多地方政府支持华为发展房地产。任正非和华为的高层当初想在偏僻的山区进行旅游地产的开发，没有交易成功。随后，华为公司的高层就公司的未来发展战略开展了大辩论，辩论的结果是：坚持只做一件事。因为华为人相信，坚持只做一件事，华为肯定会成功。只有把战略充分聚焦，把战略资源充分集中，才能创造奇迹。

所以，华为坚持继续干老本行——通讯。在很多企业都在多元化发展时，华为的决策是：坚持只做一件事，把自己擅长的事情做好。从今天华为的发展来看，当初的决策无疑是非常正确的，所有才能有今天的成就。可见，专注是推动华为快速发展的强大力量。反观那些朝秦暮楚的企业，很多企业经过一番折腾，最终是竹篮打水一场空。

华为的专注还体现在不上市上，很多公司做大以后，都希望公司能上市。也有很多公司想通过上市圈钱，然而华为现在虽然已经是世界500强企业了，仍然坚持不上市。华为为什么不上市呢？因为华为并不把钱看成中心，他们的中心是理想，就是为理想和目标而奋斗，钱不是最重要的。在任正非看来，如果华为上市，"股东们"看着股市那儿可赚几十亿元、几百亿元，会逼着企业横向发展，企业就攻不进"无人区"了。华为不上市，目的还是专注。

无独有偶，中国还有一家企业也是一家非常专注的企业，几十年来只生产一种产品——辣椒酱。它就是老干妈。老干妈的陶华碧是一个不识字的农村妇女，她创建老干妈后，一直坚持只生产辣椒酱。也有人问陶华碧，为什么不融资，不上市？陶华碧说，你们说的我不懂，我只会做辣椒酱，我就把辣椒酱做好。陶华碧的话很朴实，却体现出了专注精神。

陶华碧在企业的经营上力求做专做精，由于她的专注，她把一瓶小小的辣椒酱做到了年销售额几十亿。可见，专注是企业经营成功的秘诀。

经营企业需要专注，个人的发展同样需要专注。乔布斯说："专注和简单一直是我的秘诀之一。简单可能比复杂更难做到：你必须努力厘清思路，从而使其变得简单。但最终这是值得的，因为一旦你做到了，便可以创造奇迹。"

在工作上我们也要追求专注和简单。只有我们在某一领域里专注，才能使我们专业，进而成为专家。所以，成功的企业和个人都是非常专注的。只有专注才能把自己的时间、精力和智慧聚焦到所要干的事情上，这样更容易实现目标。

08

方法：麦肯锡的极简工作法

　　麦肯锡公司自成立以来，不断地探索、总结自己的工作方法，经过多年的摸索，逐渐形成了解决问题的独特方法，被称为"麦肯锡极简工作法"。虽然麦肯锡的极简工作法最初是用在商业领域的，但是这种工作方法的原理同样也适用于很多不同领域的工作。希望我们能从麦肯锡极简工作法中吸取营养，高效地完成自己的工作。

| 快速分析问题 |

当我们遇到问题时如何解决呢？首先是分析问题，问题分析得越透彻、越快，越能快速正确地解决问题。麦肯锡是一家咨询公司，麦肯锡解决问题的第一步就是分析问题，只有通过分析找出问题的原因，才能从根本上解决问题。

麦肯锡曾接到这样一个项目，有一家银行的业绩始终上不去，想了很多解决办法也无济于事。于是就请麦肯锡帮着找原因。

麦肯锡的顾问团队调查后发现，这家银行的后勤部门费用比较高。对后勤部门的工作流程、数据方面资料进行详细分析后发现，后勤部门有一个项目业务量很小，但是占用的成本却超过总费用的一半。

正是这个项目影响了银行的业绩，而银行的管理部门和相关人员都没有注意到。发现了这个情况之后，麦肯锡把这个情况告知了银行的管理部门。经过改进，这家银行的业绩得到了很大的提升。

所以，要想把问题解决好，就需要培养快速分析问题的能力。那么，如何才能具备这种能力呢？下面我们看看麦肯锡是怎么做的，希望能对我们有启发。

1.从零开始

麦肯锡日本分公司咨询顾问大岛祥誉说："麦肯锡公司解决问题流程的第一步，就是'从零开始'，进行思考，也就是用'回到原点'的思路来分析问题。"可见，麦肯锡公司的咨询顾问遇到问题时，就是"从零开始"分析问题的。

所谓"从零开始"思考就是放弃以前，无论以前做得再好，如果未来没有发展前途，都要放弃。对一家企业来说，只有放弃那些没有发展前途的项目，才能提高企业的业绩。为了养成"从零开始"思考的习惯，我们还必须养成"批判思考"的习惯，这样有利于提高我们问题的效率。

2.实事求是

实事求是是解决问题的基石。只有实事求是才能找到发生问题的真正原因，并最终找到解决问题的方法。

3.逻辑树分析法

逻辑树又称为问题树，简单地说，逻辑树就是将涉及的子问题都罗列出来，然后进行分层，按照最高层逐步向下扩展，直至找到解决问题的方法。通过层层的逻辑推演，最后导出问题的解决方法。

只有快速地分析问题，才能在最短的时间内找到正确解决问题的方法。把分析问题放在解决问题的第一步，是非常值得我们学习的。只有把问题分析透彻，才能提高解决问题的效率。

| 收集信息并高效沟通 |

　　无论是解决问题还是进行决策都需要有信息的支撑，正如麦肯锡公司咨询顾问艾森·拉塞尔所说："准确、重点的信息和数据，是分析问题和推出解决方案的过程中不可缺少的论据。"信息对解决问题如此重要，那么如何收集信息呢？艾森·拉塞尔认为，收集信息是有顺序的，而顺序本身也是一种逻辑，如果没有搞清楚顺序，就会造成思维混乱。

　　那么，麦肯锡公司是如何收集信息的呢？麦肯锡公司有一套高效收集信息的步骤和流程。

　　1.明确收集信息的目的

　　在收集信息前，要明确收集信息的用途，是公司内部用，还是提供给客户；并且还要明确是收集数据或资料，还是数据与资料一起收集；同时还要确定收集信息所要花费的时间。

　　2.列出信息的关键点

　　在明确收集信息目的的基础上，要列出所要收集信息的关键点，进行重点收集和了解。

　　3.明确信息的来源

　　信息从哪里来，必须明确，这样有助于提高收集信息的质量和效率。麦肯锡在明确信息来源上，是这么做的：从客户提供的信息入手，然后判断信息将出现在哪些资料上，在信息不明确时，向原资料的编者联系，确保资料的准确性。

4.把握总体

在收集信息的过程中，必须对整个状况有总体把握，只有这样才不至于在细节方面出现遗漏。

5.重视细微之处

在收集信息时要避免只注重大方面的信息，而对细微之处不关注。因为，问题的出现有时候并不一定是出在大方向上，可能只是出现在细微的地方。一些细微之处往往是容易忽视的，这一点我们必须注意，在收集信息时要重视细微的地方。

在收集信息时，我们需要与人进行沟通。在麦肯锡公司有一个“30秒电梯法则”，这是麦肯锡公司用于沟通的一项重要原则，就是要求员工能够在30秒时间内与他人进行沟通。

我们要在最短的时间内与他人进行最有效果的沟通，是必须掌握的一项能力。要想与他人进行高效沟通，就必须学会高度总结法，要抓住重点，把内容进行高度浓缩。但是有些问题不可能在短时间内表述清楚，我们就要激发出对方的兴趣，为下一步或下一次沟通打好基础。总之，把重点内容进行浓缩或者激发出对方的兴趣，是进行30秒沟通的要点。

| 带领团队完成合作 |

麦肯锡作为一家全球管理咨询公司是十分重视团队合作的，重视团队合作甚于竞争。艾森·拉塞尔说："在麦肯锡公司，你决不会独自工作，而且让一个人独自解决一个复杂的项目问题也是不现实的，也无法满足麦肯锡公司对客户服务的高标准和严要求。每个人都是团队中的一员，无论是前台负责的咨询工作，还是在后台制定决策，公司的所有事情都是由团队共同完成的。"可见，在麦肯锡公司是依靠团队来完成工作，这也是麦肯锡公司重视团队的原因。

在麦肯锡公司相对于竞争来说，它更重视团队合作，作为全球知名的管理咨询公司，它向全球企业，甚至是500强企业提供咨询服务。如果不重视团队合作，它就无法高效地开展咨询工作。

由于重视合作，在麦肯锡公司任何一位员工都可以向全球任何一位资深的同事寻求帮助，同时也能为同事提供积极的帮助。在麦肯锡公司，某一个咨询顾问可能不是最优秀的，但是这个团队组合起来就是最强大的，这也是麦肯锡公司重视团队的原因。

麦肯锡公司是依靠团队的力量来完成咨询工作的，所以它不追求每个员工都是最优秀的，它所展示的是整个团队的强大。那么，要想使团队强大，团队必须是优秀的。什么样的团队才是优秀的呢？麦肯锡公司的资深合伙人罗勃·洛威茨说："好的工作团队的人数都不会很多。如果团队的成员比较多，就会妨碍相互之间的交流和探讨，而且也很难形成团队的信赖感和凝聚力。"

那么，麦肯锡公司是如何组建团队，并带领团队完成工作的呢？以下几点可以作为参考。

1.人不在多

优秀的团队并不一定是人数最多的团队，就像古人所说："将在谋而不在勇，兵在精而不在多。"优秀的团队是人数少而精的团队，人数少，团队成员才能进行充分的沟通交流，并进行充分的了解，进而产生信任，这样有利于相互配合。

2.技能互补

由于现在专业分工越来越细，每个人都有自己的专业技能，要带领团队完成目标，就需要团队成员在技能上互补。

3.目标一致

目标一致，才能确定团队的共同奋斗方向。在任何一个团队里，只有团队的目标一致，大家才能团结在一起，共同为实现目标而努力。

4.相互信任

在一个团队里，团队成员之间的相互信任是非常重要的，相互信任才能把所有团队成员团结在一起，同时有利于大家的相互配合。

那么，要想组建优秀的团队，选择团队成员是关键。在麦肯锡公司，为了完成客户的要求，项目经理必须慎重选择自己团队的成员。艾森·拉塞尔说："在麦肯锡公司，项目经理要想成功解决客户提出的各种疑难问题，就必须谨慎选择自己的团队，对公司现有人员进行最合理的组合。"

所以，在一个优秀的团队里，员工必须有团队合作意识。只有这样才能建立信任关系，相互帮助，才能做到利益和成就共享、责任共担。作为一个管理者，最重要的工作就是组建团队，带领团队完成合作。

| 高效解决问题 |

麦肯锡针对高效解决问题，形成了一套独特的解决问题的方法。这些高效解决问题的方法，是值得我们学习的，现将这些方法总结如下，希望对读者有所帮助。

1.假设

假设是解决问题的一个方法，就是事先我们先做出一个假设，然后再来确认或推翻这些假设。艾森·拉塞尔说："解决一个十分复杂的问题，就好像踏上了一段既辛苦又漫长的旅程。而最初的假设，就是指引我们解决问题的地图。"可见，假设是麦肯锡解决问题的一种重要方法。

那么，假设对解决问题有什么作用呢？可能大家都有这样的经历，我们在干一件事情前，都会想象，这种想象就是一种假设。我们会想象出现什么问题，我们该如何应对等。在解决问题的过程中，有了假设就有了解决问题的方向。然后我们再去论证这个假设是正确的还是错误的，在认证过程中，我们就可以为找到正确的解决方法收集足够的信息。

麦肯锡的员工在解决问题时，都是十分善于运用假设的。他们在掌握初步的资料后，就会先做出一个假设，然后再通过收集资料进行认证，这样就能找到正确解决问题的方法。那么，如何进行假设呢？麦肯锡的做法是先从事实出发，对问题进行全面的认识，然后做出初始假设，在假设时最好让熟悉这个问题的人来做，这样才能保证效率。

2.简单

工作内容简单明了，对不重要的工作能取消就取消；有类似的工作能合并就合并；如果能用更简单的方法解决就尽量用简单的方法解决。为了使工作内容简单，必须保证办公桌干净利落，与项目有关的物品放置有序，一次只干一件事，保证工作的效率。

3.方法

要想高效地完成工作，方法很重要，方法正确事半功倍。虽然说在工作中我们提倡一次只干一件事，但是在同一时间段内，也可以综合进行多项工作。就是把几项工作综合在一起安排，同时进行，这样会使工作效率大大提高。同时，也可以把一些虽然不同，但是有类似之处的工作结合起来共同解决，这样就能节约时间。还可以把不同性质的工作穿插进行，这样能够避免劳累，能使大脑得到适当的休息。

4.解决多个问题的方法

当出现多个问题时我们如何解决呢？麦肯锡公司的做法是对问题进行排序，确定问题的主次，把最重要的问题放在前面，集中精力解决最重要的问题。只要把最重要的问题解决了，剩下的问题就很容易解决，按主次顺序来安排工作，有利于提高工作效率。

5.解决问题的思路

艾森·拉塞尔说："要想找到解决问题的思路，就要杜绝那些徒劳无功的思考。而麦肯锡式思考的框架工具，对避免徒劳思考是卓有成效的。"麦肯锡解决问题的思路框架是什么呢？就是"空、雨、伞"这个框架。其实这个框架很简单，就是看到天空出现乌云，预示要下雨了，那么出门时就要带上雨伞。意思就是，看到事物的苗头，就要做好准备，做到有备无患。这个道理与我国的一句俗话"一落叶而知秋"很相似，就是看到树叶落了，就预示着秋天要来了。说的就是要通过细微的变化，看到事物的规律，然后做好应对准备。道理虽然简单，但是很实用。

要想高效地解决问题，需要有正确的思路和方法，而麦肯锡公司的工作方法给我们提供了一个借鉴。掌握了这些方法有利于我们节约时间，提高工作效率。

| 危机防范 |

很多人在工作中忙忙碌碌,看不到企业或工作中存在什么问题。在"平静"的工作中,问题一旦暴露就可能酿成危机,如果没有做好防范,危机一旦爆发,往往使人措手不及。所以,很多企业都很重视危机管理。要做好危机管理,重要的还是要做好危机防范,而不在于处理危机。

正如麦肯锡公司咨询顾问艾森·拉塞尔所说:"解决问题的最高境界,不是仅仅着眼于过去发生的问题,而是在日常的工作中,积极寻找可能发生问题的潜在因素或不良状态,并将其扼杀在萌芽状态。也就是说,危机防范,是解决危机的最好方法。"他的这句话说的就是,处理危机以预防为主。那么,麦肯锡在危机防范方面是如何做的呢?

1.发现危机

危机防范的重点在于发现危机,在萌芽时就发现危机的存在,或者预测到可能发生的危机,这样才能为可能发生的危机做好准备,在危机来临时从容应对,或将危机杀死在萌芽中。那么,麦肯锡是如何发现问题存在的呢?

麦肯锡常用SCQA分析法来发现问题。SCQA是英文Situation、Complication、Question、Answer的首字母,分别代表情景或场景、冲突、问题、答案或观点。在运用SCQA分析法时分为五步。一是无论当事者是个人或公司，首先要确认当事者的具体形象；二是对当事者过去的经验、现状，以及心中的理想及未来的目标进行描述；三是假设一个正在颠覆目前稳定状态的事件；四是用自问自答的形式来假设各种课题；五是通过思考找出答案。

发现问题是一项非常重要的能力，要想具备这种能力，就要对变化足够敏感。只有这样才能通过一些蛛丝马迹来发现问题，并做好预防措施。

2.危机管理

虽然说预防危机是解决危机的最好方法，但是对一些企业来说，由于危机防范的意识比较弱，本来在危机之初通过积极预防是可以避免危机的，结果却爆发了出来。那么对已经再现的危机，如何应对呢？麦肯锡公司认为，可以把危机转化为机遇，因为危机本身包含有成功的种子。通过变不利为有利，最终获得成功，这就是危机管理的精髓。

其实，如果企业能够做好危机管理，就能够把"危机"转变成发展的"机遇"。尽管说危机管理可以将企业的"危机"转化为"机遇"，但是付出的代价也是比较大的。所以，企业还是要有危机管理意识，将危机扼杀在萌芽状态，这样才是危机管理的最高境界。

09

合作：借力而行，提高效率

在工作中，一项任务的完成不可能由一个人来做，往往需要通过合作来共同完成。其实，合作也是一种借力，借助别人的力量把工作完成，同时合作也是提高效率的一个重要方法。所以，在工作中我们要学会与别人合作，争取别人的支持，让别人做你的帮手，共同把工作做好。

| 争取别人的支持 |

　　无论是企业或个人要想成功，都离不开别人的支持，支持的人越多，成功的可能性越大。所以，要想取得事业的成功就要争取别人的支持。很多成功的企业家，在创业初期，都得到了别人的支持，马云就是典型的一位。

　　很多人都知道马云创建阿里巴巴时，是十八个人筹集了50万元启动资金。但是要知道，互联网创业是需要大量资金的。马云筹集到的50万元资金是远远不够把互联网事业做大的。

　　为了阿里巴巴的发展，马云必须融资。马云为了融资曾去过硅谷，但是投资人看了他的商业模式后，并不感兴趣，马云的硅谷融资之行空手而归。

　　阿里巴巴因融不到资而面临险境，幸好马云用6分钟时间说服了软银的孙正义，拿到了第一笔风险投资。由于得到了孙正义资金的支持，阿里巴巴迅速发展起来。随后，高盛、富达等国际大财团纷纷进入。由于有了资金的支持，阿里巴巴又孵化出了淘宝网和支付宝。

　　可见，阿里巴巴的成功离不开别人的支持，而这些支持都是马云争取来的。马云为了争取别人的支持，走的路并不平坦。他一开始找过很多投资人，但是都被拒绝了。然而，马云没有放弃，直到遇到了孙正义。所以，说服别人支持自己并不是一件容易的事情，这就要求我们要有说服别人的本领。

当我们说服别人支持自己的时候，就说明我们已经走在成功的路上。例如，在一个组织内，你的意见或方案，要想得到别人的支持，一般我们都会做充分的准备。但是无论我们的理由多么令人信服，我们准备得多么充分，毕竟我们是单枪匹马。

如果有人在这个时候支持我们，那么我们成功的胜算就会大得多，并且支持我们的人越多，我们成功的胜算就越大。因为，管理者否定一群人比否定一个人难得多。所以，如果想让别人来支持我们，就需要我们去争取。那么，如何争取别人来支持我们呢？

首先要做的就是要知道哪些人是你想争取的，并且在这些人中谁最有分量。如果你能把这些人说服，得到他们的支持，他们就会帮你把事情做好。虽然说支持我们的人越多越好，但是有很大影响力的人总比普通人分量要重。有影响力的人来支持你，也更能显出你的分量，这对成功是非常有帮助的。

所以，无论是在个人工作中，或是在经营企业中，我们都要尽可能地争取别人的支持。别人支持我们，就等于我们借着别人的力量来促进发展，甚至能对决策产生重大影响。争取别人的支持是合作的前提，因此，我们要想把工作做得更好，就要学会争取别人的支持。

| 周围的人都可以做你的帮手 |

现在专业分工越来越细，没有人可以凭单打独斗闯出一片天地。马云当年创立阿里巴巴找了十八个人，组成了阿里巴巴"十八罗汉"团队。这些人基本上都是马云的同事、朋友、学生，他们都是马云周围的人，在他们的共同努力下，成功创立了阿里巴巴。

其实，找周围的人做你的帮手就是与周围的人进行合作。一个人要想在社会上立足，有所成就，就必须学会与他人合作。美国哈佛大学教授乔治·赫华斯博士把"与同事真诚合作"列为九大成功要素之一，把"言行孤僻，不善于与人合作"列为九大失败的要素之首，可见"善于与人合作"的重要性。其实成功者都善于与他人合作，建立合作伙伴关系。

腾讯创立之初有五个创始股东，分别是马化腾、张志东、曾李青、许晨晔、陈一丹，这几位创始股东是有渊源的。

马化腾大学毕业后进入了润讯公司，1998年时，他离开润讯公司准备创业。这时他找到了他大学时的同学张志东，张志东是计算机天才，对技术非常狂热。在腾讯创立一个月后，曾李青加入，曾李青既不是马化腾的大学同学，也不是中学同学。但是曾李青是马化腾的姐姐在深圳数据局的同事，由于这层关系他与马化腾也相熟。

在腾讯公司创立后的年底，许晨晔和陈一丹加入，许晨晔是马化腾在深圳大学计算机系的同学，陈一丹是马化腾在深圳中学的同学。他们这几个创始股东，各有各的特长，他们创业后，进行分工合作，腾讯的发展基本是比较顺利的。他们五个人被称为难得的五兄弟。

从腾讯的创业故事来看，马化腾作为创始人，他找的合伙伙伴都是他周围的人，不是同学，就是朋友。马化腾找他们做帮手，他们分工合作，共同促使腾讯公司发展壮大。可见，找周围的人做帮手，主要是对这些人比较了解，知道他们的长处，在合作的时候可以做到优势互补。

马云曾说过，创业是一批人的事，一个人太累。所以，创业团队是很重要的。那么，在我们工作中，我们要完成一项任务，也需要与人合作。这些人基本上都是我们周围的同事，这些同事都可以做我们的帮手。

在职场，同事之间的关系是很微妙的，既有竞争也有合作，竞争主要表现在利益关系上，在工作上更多的是合作。同事之间的合作，就是互为帮手，通过合作才能共赢。如果与周围的同事形成对立关系，工作上互相拆台，只竞争不合作，那么结果只能是两败俱伤。

由于专业分工越来越细，竞争也越来越激烈，我们会面对太多的不确定因素，所以靠一个人的力量无法完成复杂的工作。我们只有让周围的人成为我们的帮手，借助他人的力量，才能弥补自己的不足，也能更有效率地工作。

| 华为——"胜则举杯相庆，败则拼死相救" |

与其说华为崇尚"狼性"，不如说华为崇尚的是"团队合作精神"。由于狼的团队精神比较强，所以华为就用"狼性"来代表团队合作。就是因为华为有非常强的团队合作精神，才能够渡过各种危机，并发展壮大。

2008年，美国的次贷危机波及全球，我国自然也受到了影响。到了2009年，在金融危机的影响下，包括电信行业在内的很多行业都受到了波及，并导致很多企业倒闭。在这种严峻的形势下，华为公司却创造了奇迹。

华为的海外收入在2008年时占了总收入的75%，全年的合同销售额达到233亿美元，收入的增长速度让人惊讶，就是华为自己也难以置信。而2009年时，华为的全球销售收入更是高达1491亿人民币，同比增长了19%。

由于受国际金融危机的影响，全球经济形势非常复杂。在这种不利的形势下，华为的经营性现金流达到217亿人民币，同比增长237%。华为能在如此恶劣的经济形势下取得这样的成就，着实令人惊叹。

华为为什么能在全球经济形势堪忧的情况下取得惊人的成就呢？这与华

为的"狼性"文化是分不开的。在"胜则举杯相庆，败则拼死相救"的引导下，华为人团结合作，共同努力，是取得如此巨大成就的关键。

在一次新员工大会上，任正非在讲话中说："华为的企业文化是建立在中国优良传统文化基础上的企业文化。全体员工要团结合作，共同奋斗。"个人英雄主义在华为是受到抵制的，华为主张的是"胜则举杯相庆，败则拼死相救"的集体主义和团队作战。所以，在华为的各级主管述职报告中，不允许主管只强调自己的功劳，而必须强调团队的作用。

在华为公司，如果想得到更多的进步机会，就必须重视部属的成绩，多从自己身上找不足，这样才能被华为公司的主流价值观认可和接受。因为一个企业要想实现长期的高效运转，就必须有团结合作精神，这样才能使企业充满活力。因此，华为公司一直强调：无论什么工作、无论哪个部门，胜利后共同欢庆，成果归属大家，失败后竭力补救、挽回损失，绝不同室操戈、落井下石。

华为的团队合作精神是值得我们学习的。在一个团队中，个人努力是需要的，但是如果离开了团队，个人的努力可能就是白费力气。只有团队合作才能发挥出"1+1＞2"的效果，才能够发挥出叠加效应，使每个人的努力达到翻倍的效果。而华为的成功，就是依靠这种团队合作的叠加效应，这也是华为重视团队合作的原因。

10

执行：成就来源于高效执行

　　是点子重要还是执行重要？马云曾与日本软银集团总裁孙正义交流过这一问题，他们都认为，三流的点子加上一流的执行水平是最重要的。分众传媒的江南春说："有创意的人很多，但能执行创意的人很少。"可见，执行比创意重要，成就来源于高效执行。

| 制定执行决策 |

　　如何做好一件事情？也许有人认为只要去干就行了，这样认为的人执行力无疑是很强的，但是如果没有事先制定执行决策就去做，这样的执行是盲目的，盲目地执行导致事情失败的可能性会很大。

　　1999年马云在杭州再次创业的时候，就阿里巴巴未来的商业模式在第一次员工大会上进行了激烈的讨论。经过两个多小时的讨论，大多数员工认为阿里巴巴要像雅虎、新浪那样做门户网站。但是马云力排众议，决定阿里巴巴不做门户，也不做B2C，要做面对中小企业的B2B。事后证明马云的决策是非常正确的，阿里在做云计算时也是这样，当时阿里对云计算的研发投入了大量资金，但是却没有产出。这时内部的人都质疑这个项目还有没有做下去的必要，而马云再次力排众议，决定把这个项目做下去。今天阿里的云计算已成为阿里的第三增长极。

　　所以，正确的执行决策，才能取得好的执行结果。因为正确的执行决策就是做正确的事，执行就是正确地做事。决策正确再加上高效执行，成功的可能性就很大。雷军在做小米时也是这样，虽然他进入手机行业比较晚，并且竞争也很激烈，由于他的决策正确，使小米手机脱颖而出。

2010年，雷军创立小米时，已经从金山退休几年了，当时他已经40岁，他决定创业。小米公司创立时拿着三千万人民币开始做手机，雷军为什么要进入手机行业呢？因为他觉得当时的国货不够好、价格很贵，很多人就去国外买买买，他想改变这种现状。

在当时的国际手机市场上，有两家做手机的大公司，一个是苹果，一个是三星。在国内市场上，做手机的有300多家，可想而知，竞争是多么激烈，而小米创立仅两年半的时间，就做到了国内第一名。

可以说，小米公司创造了奇迹，那么它是如何做到的呢？它的核心竞争力是什么？为发展小米手机，雷军的决策是，与用户交朋友，形成米粉文化，这是小米业务展开的基础。第二是为用户提供质优价廉的产品感动客户。第三是采用"硬件+新零售+互联网"的商业模式。第四是用"实业+投资"，打造生态链完善的产品组合。在这些决策的指导下，小米公司势如破竹，一路高歌。

然而，在2017年，小米经过几年的高速发展，也遇到了困难。雷军认为主要困难有三个：一是线上市场遭遇恶性竞争；二是小米专注线上，错过了线下拓展县乡市场的机会；三是高速发展带来的管理挑战。那么，小米如何解决这些困难呢？雷军的决策是补课。就是缺啥补啥，坚持补好课，练好基本功。

经过虚心补课，小米公司取得了立竿见影的效果，在2017年第二季度出货2316万部，环比增长70%，重返世界前五。

从雷军创办小米的故事可以看出，小米公司能在创立之初就能快速地发展，得益于雷军正确的执行决策。对小米在发展过程中遭遇到的问题，雷军又做出"补课"这样的决策，经过夯实基础、苦练内功，小米又创造了一个奇迹，实现了逆转。

所以，我们在执行的时候，一定不能盲目，先做好执行决策，然后再去做。马云、雷军能创业成功，首先就在于他们决策的正确。他们看到了事物发展的趋势，顺势而为，在决策的指导下高效执行，最终取得创业的成功。

| 付诸行动 |

关于行动的话题有很多，也有很多人做过论述，总之没有行动一切都是空想，什么样的想法都不能实现。事情不是想出来的，而是做出来的，要把事情做好，就要付诸行动。成功的人士都是行动派，而不是空想家。马云就是坚定的行动派，想好的事情就坚决去做，他做支付宝就是一个典型的案例。

支付宝给人们的生活带来了很大便利。但是人们不知道马云当初为做支付宝顶着多大的压力。

支付宝算是一种金融产品，得需要审批。当时马云要做支付宝的时候，并没有得到审批，所以他是顶着压力的。为什么马云非要做支付宝呢？马云曾说过，支付宝就是为了解决人与人之间的信任问题。如果想做好电子商务，如果想把淘宝发展壮大，没有一种支付工具的话，会很受限制。

当马云决定做支付宝的时候，他还在美国，就打电话告诉同事，就现在，立刻马上必须去做支付宝。在面对同事质疑的时候，马云的态度非常坚决，他说如果因为做支付宝而需要坐牢的话，那么就是我去。马云是冒着坐牢的风险来做支付宝的。

从这个案例可以看出，马云坚决做一件事情时，即使面对压力，即使面对坐牢的风险他也要马上付诸行动。如果他前怕狼，后怕虎，犹犹豫豫，可能现在就没有支持宝，淘宝也不可能快速发展起来。

马云不仅自己执行力强，而且对员工的执行力要求也是很严格的。阿里巴巴成立之后，马云就反复向员工强调必须有很强的执行力。马云说："工业时代的发展是人工的，而网络经济时代一切都是信息化的，难以预测。所以，阿里巴巴不是计划出来的，而是'现在、立刻、马上'干出来的。"在阿里巴巴，"现在、立刻、马上"一度是马云挂在口头上的话。就是由于马云对执行力的重视，才使得阿里巴巴不仅安全度过了互联网泡沫时期，还实现了盈利。

曾有记者问马云，"为什么中国电子商务的先驱者还在为创业而努力，而你却成功了？"马云说："我在前面说，演讲，做宣传，造势，而我背后，有一帮人在实干，苦哈哈地卖力干；而他后面有'十八罗汉'。我说过了，有人做；他说过就是说过了，只是说过而已。"可见，付诸行动的重要性，没有行动一切都是空的，即使你说得天花乱坠，结果还是一场空。

所以，马云认为，企业要加快发展，要走在同行的前列，除了要有好的决策班子、好的发展战略、好的管理体制外，最重要的一点就是要有一个执行力很强的团队。马云之所以重视一个执行力很强的团队，就是这个团队能够把想法很快付诸行动。

阿里巴巴能够成功，就在于阿里巴巴的团队能够把马云的想法变成现实。马云当初的想法可能看似是不可能完成的任务，但是凭着阿里巴巴的员工超强的执行力，结果都漂亮地完成了。所以，任何想法都需要付诸行动才能变成现实。因此，我们要重视好的创意，更要重视行动，只有行动才能带来结果。

| 抓住机会 |

俗话说："机不可失，失不再来。"机会对每个人都是非常珍贵的，但是机会又是吝啬的，一个人在一生中并没有多少机会。

马云曾面试过六个年轻人，这些年轻人的想法使马云惊出一身冷汗。马云说幸好他是15年前创业，要是今天创业，肯定被这帮小子活活搞死。因为这些年轻人用的是大数据、用的是互联网模式，这些东西马云都不理解。为什么马云创业成功了呢？这就是机会，就像马云说的，他早15年创业，在那个时候正是中国互联网高速发展时期，现在已经过了那个时期了。曾有企业家说过，现在让他们从头再来他们不一定能成功，因为没有那个机会。很多创业成功的人都是抓住了时代的机会，例如扎克伯格。

扎克伯格是Facebook的创始人，他从小就喜欢电脑，上哈佛大学之后，虽然学的是心理学，但是他仍然痴迷电脑。在大二时他与两位室友建立了一个为哈佛同学提供互相联系的平台，命名为Facebook。

这个网站在2004年2月推出后立即在哈佛校园火了起来。到了2004年底，Facebook的注册人数已突破一百万。这时扎克伯格决定从哈佛退学，全职营运网站。到了2010年在Facebook上注册的用户已经突破4亿，同时在线人数超过1亿。由于创建了Facebook，扎克伯格23岁时身家已经超过30亿美元。

扎克伯格的创业成功就在于他抓住了时代的机遇，例如，他放缓了与文克莱沃斯兄弟项目的发展速度，率先在哈佛校园推出Facebook，拒绝了雅虎的收购并结束与微软之间的合作交易。

扎克伯格也是幸运的，他遇到了一个好的投资人，如果不是这个投资人的支持，扎克伯格不可能一直任首席执行官。在Facebook社交网站推出之前，已经有了别的社交网络，Facebook能发展起来，就在于扎克伯格抓住了机会。

时势造英雄，所谓"时势"就是时代的机遇或机会，抓住机遇或机会的人，才能成为时代的英雄。扎克伯格能够从校园起步，创建Facebook，并使之成为全球最大的社交网站，机会起到了很大的作用。

抓住机会就是占得了先机，而机会的出现又是很短暂的，你稍一犹豫机会就会离你而去，永不回头。所以，你发现机会的时候，就要及时地去抓住机会。在这之间，你没有时间犹豫、彷徨，也没有时间瞻前顾后、权衡利弊。你要么上去一把抓住，要么永远错过。每个人都可能错失过机会，我们应回头想想，吸取教训，在机会来临时，就知道自己怎么做了。抓住机会，才能开创属于自己的人生。

| 分清轻重缓急 |

在职场上，很多人可能遇到过这样的情况，面对很多工作，但是不知道从哪里下手，工作起来没有头绪，杂乱无章。当到了下班时间，自己手里的工作还没有处理完，每天加班弄得自己很累。长此以往不仅身心疲惫，而且会怀疑自己是不是有能力做好这份工作。

为什么会出现这样的情况呢？就是因为没有把工作分清轻重缓急，胡子眉毛一把抓，结果自己很累，却事倍功半。有句话说得好：使人感觉累的不是工作本身，而是工作方法。所谓"方法不对，努力白费"，说的就是这个意思。

刘丽负责公司宿舍的维修和飞机票预订工作，她每天上班会先把办公室打扫一遍，浇浇花草，然后去物业取报刊信件等。

刘丽认为自己工作很勤奋，但是过了一段时间，同事们对刘丽的工作很不满意，认为她办事拖拉，效率低。刘丽面对同事们的指责很委屈，认为自己一上班就忙忙碌碌，并没有偷懒，大家为什么要这么看待她。

一天，负责生产的主管很生气地找到刘丽，质问她为什么还没有把工人宿舍的空调修好,已经说过很多次了。刘丽说自己工作忙,没有时间去找维修师傅。

回过头来,生产经理问刘丽为什么这几个月的差旅费比以前高了?出差的员工并没有增加,这是怎么回事?部门经理这时打电话向订票处询问,订票人员告诉他,以前定票都是提前十几天,那时折扣高,现在定票只提前一两天,甚至是定当天的票,这样折扣就低,甚至没有折扣。

部门经理听后非常生气,对刘丽说:"你的工作是怎么干的?能不能注意一下工作方法?你每天就知道扫地、浇水、拿报纸,重要的工作一件不干,这怎么能行?"刘丽受到了部门经理的批评,心里虽然不舒服,但是她终于明白了自己工作失误的原因,就是没有分清轻重缓急,把精力都优先用在了不重要的事情上。

从这个案例可以看出,刘丽虽然每天都忙忙碌碌,但是她所做的工作要么是不重要也不紧急的,要么是重要不紧急的,而把重要紧急的事情一直往后拖,结果使自己的工作干得很糟糕。要知道工作上的事情是有轻重缓急之分的,不能"同等对待",重要的事情应该先做,次要的事情要后做,这样才能提高工作效率。

对于工作的轻重缓急,美国的史蒂芬·R.科维提出了"四象限时间管理"原则,他把事情分为重要且紧急,重要而不紧急,紧急而不重要,既不重要也不紧急四个象限。对于重要且紧急的事情,应该立即行动,马上去做。对于重要而不紧急的事情,要给予足够的重视,然后有计划、有条理地去做。对于紧急且不重要的事情,虽然紧急,如果别人能做就授权让别人做,你督导就行了;如果不是你的工作范围,你要坚决拒绝。对于不重要也不紧急的事情,你就要思考这些事情值不值得做,可做可不做的就不做,能取消就取消，能延后就延后，不能让这些事情浪费你的工作时间。

所以，在工作中分清轻重缓急是十分重要的，按先重后轻的顺序来处理工作，不但能够提高工作效率，而且会让你工作有序，不再瞎忙。

| 要有忧患意识 |

古人说，"凡事预则立，不预则废。"就是说要对未来的事情做好打算。因为任何事物的发展都不是一帆风顺的，在发展的道路上，都会遇到挫折、困难，甚至是危机。所以，关心未来发展的人，都有很强的忧患意识。

在中国的企业家中，任正非可以说是忧患意识很强的人。现在华为是全球第一大电信设备服务商，其2016年的营收达5000多亿，超过了百度、阿里巴巴、腾讯的总和，处于中国民营企业500强的榜首。然而，自华为创立以来，其创始人任正非三十年来始终是居安思危。

任正非认为，越是发展顺利的时候，越要清醒，越要有理性，越要有危机意识。在全国的科技创新大会上，任正非直言不讳地说："华为现在的水平尚停留在工程数学、物理算法等工程科学的创新层面，尚未真正进入基础理论研究。随着逐步逼近香农定理、摩尔定律的极限。而对大流量、低时延的理论还未创造出来，华为已感到前途茫茫，找不到方向。华为已前进在迷航中。重大创新是无人区的生存法则，没有理论突破，没有技术突破，没有大量的技术积累，是不可能产生爆发性创新的。"从他的这段发言来看，他对华为未来的担忧溢于言表。作为华为的灵魂人物，任正非的忧患意识一直是很强的。

在一次国际咨询会议上，华为的一位英国顾问想让任正非展望一下华为未来十到二十年的发展远景。没想到任正非说："20年以后的华为，我可以告诉你，两个字'坟墓'。"华为的德国顾问对任正非的回答评论说："任先生能这么想，20年后华为会活得更强大，德国能有今天，就是因为我们民族总有危机意识，华为跟我们很相像。"

从这个案例可以看出任正非的忧患意识有多强。在2000年互联网泡沫破裂时，任正非在华为的内刊上发表了一篇文章，题目为《华为的冬天》，在这篇文章里他写道："公司所有员工是否考虑过，如果有一天，公司销售额下滑、利润下滑甚至破产，我们怎么办？我们公司的太平时间太长了，在和平期升的官太多了，这也许就是我们的灾难。泰坦尼克号也是在一片欢声笑语中出海。而且我相信，这一天一定会到来。面对这样的未来，我们要怎么处理？我们是不是思考过？我们好多员工盲目自豪、盲目乐观，如果想过的人太少，也许就快来临了。居安思危，不是危言耸听。"

任正非也曾经说过："我天天思考的都是失败，对成功视而不见，也没有什么荣誉感、自豪感，而是危机感……我们大家要一起来想，怎样才能活下去，也许才能存活得久一些。"任正非的忧患意识，就是为了企业能活得久一些。

任正非不仅自己充满了忧患意识，而他也把这种忧患意识传递给了员工，华为也是在忧患意识下一步步走向强大的。忧患意识能使人保持清醒，避免产生骄傲情绪。只有保持忧患意识，才能在前进的道路上做好准备，才能走得更远、走得更好。

| 华为为什么有强大的执行力 |

很多企业家都希望自己的员工有很强的执行力，甚至有些企业家把"执行力"挂在嘴上，天天强调执行力，但是在任务完不成时，就将原因归为员工执行力不行。然而，执行力不是喊出来的，强大的执行力是由很多因素共同作用的。

人们羡慕华为的执行力，在华为内部流传着一句话，说的是凡是华为认定的事情，就很少有失手的。从华为的业务发展来看，此言不虚，也可见华为执行力的强大。在华为，很多员工为了完成工作，经常自愿加班，甚至是熬通宵。从华为创立之初，华为就形成了"床垫文化"，加班在华为是很正常的事情。

不仅华为的员工自愿加班，而且在世界上危险的地区，都能看到华为人的身影，无论是战火纷飞的地方，还是贫穷落后、疾病肆虐的地方。华为的内部刊物《华为人》182期上，刊登了这样一篇文章，题目为《实事求是的科研方向与二十年的艰苦努力——在国家某大型项目论证会上的发言》，这篇文章展示了华为员工在海外工作的艰辛。

文章中说："1996年开始，众多华为员工离别故土，远离亲情，奔赴海外，无论是在疾病肆虐的非洲，还是在硝烟未散的伊拉克，或者海啸灾后的印尼，以及地震后的阿尔及利亚……到处都可以看到华为人奋斗的身影。"

"……有员工在国外遭歹徒袭击头上缝了三十多针，康复后又投入工作；有员工在宿舍睡觉，半夜歹徒破门而入拿枪顶着我们的员工进行抢劫……有员工在恐怖爆炸中受伤，或几度患疟疾，康复后继续坚守岗位；在一些国家，我们有70%的中国籍员工得过疟疾；我们还有三名年轻的非洲籍优秀员工在出差途中飞机失事不幸罹难，永远地离开了我们……"

从这两段话可以看出，华为的员工工作之拼命，执行力之强大。很多人只看到华为执行力的强大，但不知其原因。华为执行力之所以强大，在于员工与华为形成了命运共同体。在华为，创始人任正非仅占公司1.42%的股份，他把大部分的股份都分给了为华为而奋斗的员工。华为员工全员持股，使员工不再是打工者，而成了企业的股东，不再是给老板干，而是在给自己干。在这种情况下，员工哪有不努力的？

反观很多企业，企业的财富是老板的，或者是几个创始人的，员工就是打工者，员工的执行力能有多强呢？华为的财富是全体员工所有，所以才能组成一个强大的执行力团队。任正非说："我们决不让雷锋吃亏，奉献者应当得到合理的回报。"正是这种观念，才使华为能够做强做大。

华为的执行力还在于授权，在华为有CEO轮值制度，这种制度不仅能锻炼华为核心高层的决策能力和承压能力，而且提高了华为的执行力。对一个企业来说，没有执行力就不会有竞争力，没有竞争力则不能发展。所以，对企业来说，如何提高执行力是一个很值得研究的问题。

11

时间：合理规划，杜绝浪费

在工作中，很多人感觉时间不够用，时间都去哪儿了呢？很多时候是由于人们没有对时间进行合理规划，导致时间浪费，工作效率不高。如何合理利用时间，提高工作效率，是人们所一直追求的。年轻的亿万富豪扎克伯格，为了提升员工的工作效率，亲自制作了26张PPT，目的是教员工如何管理好自己的时间。

| 扎克伯格为什么365天都穿同一件T恤 |

关注扎克伯格的人会发现，他一年365天都穿同一件T恤，很多人不理解这是为什么。还有Facebook的用户问过扎克伯格，这个用户问道："马克，你为什么每天都穿一样的衣服？追问：这真的是同一件衣服吗？！"扎克伯格回答说："虽然我每天都穿同样的T恤，但并不是同一件，同款T恤我有几十件。"

后来，扎克伯格还在社交网站上晒出了他全是清一色的灰色T恤的衣橱。有人认为扎克格这样穿着是为了节俭，他有节俭的一面是不容否认的。但是，马克·扎克伯格作为Facebook的创始人，在2017年美国《福布斯》发布的年度全球富豪榜上，他以560亿美元排名第五。作为全球最富有的"80后"，扎克伯格在穿衣上还是不差钱的。

那么，扎克伯格为什么要一年365天穿同一类型的T恤呢？他自己揭开了"谜底"，他说："我之所以穿同样的衣服是因为我希望我的生活更加简单，有更多的时间思考如何为社会服务。"原来，扎克伯格一年到头除了重要场合讲究着装，其他时间都穿灰色T恤是为了节省时间，不想让穿衣这些小事浪费自己的精力。

扎克伯格认为，即使是很小的决定，例如穿什么、吃什么这些小事，都会耗费精力。他不想把自己的精力浪费在这些事上，他说："我真的很幸运，我每天早上醒来能帮助超过十亿的人。如果我把精力花在一些愚蠢、轻率的事情上，我会觉得我没有做好我的工作。"

其实，持有扎克伯格同一想法的人有很多，无疑这些人都是一些成功人士。例如，美国前总统奥巴马常年只穿灰色或蓝色西装，苹果公司的联合创始人乔布斯十几年如一地穿着黑T恤和牛仔裤。他们之所以这样穿着，是为了不在选择衣服时浪费自己的精力。如果一个人的衣柜里有太多衣服，为每天穿什么而苦恼，不但浪费精力还浪费时间。

对于追求效率的人士来说，他们的时间都是宝贵的，他们不愿意浪费一分一秒。从心理学角度上来说，扎克伯格选择只穿同样款式的T恤，是为了"省心"。因为人在做选择的情况下，会用到"自控力"。人的"自控力"是一种心理资源，你所做的每一个选择，做的每一个决定，都在消耗这个资源。同时，"自控力"也是有限的，如果把"自控力"用在诸如今天穿什么、吃什么这些琐碎的事情上，那么用来思考，判断重大决定的精力就少了。

不仅是扎克伯格，现在很多成功的人士为了节省自己的精力，用有限的精力做更有意义的事情，他们都选择了单一的穿着。他们追求生活的简单，就是为了把精力用在更重要的事情上。

| 扎克伯格的时间管理法 |

有的人可能觉得时间管理是老生常谈，并没有新意；有的人可能不懂得如何管理自己的时间。这样都会造成时间管理不当，低效的运用时间，不仅会使自己的工作效率不高，并且会给自己带来压力。

时间管理的目的就是帮助我们高效地运用时间，高效率地完成工作，实现人生的目标。扎克伯格一年365天只穿同一款式的T恤，其实也是为了高效管理自己的时间，把时间用来做有意义的事。

为了提高员工的工作效率，扎克伯格就亲自制作了如何高效管理时间的26张PPT，现在把这26张PPT的内容列出来，希望大家能对照自己，进行参考，学会如何高效管理自己的时间。

1.时间常有，时间在于优先。

2.时间总会有的：每天只计划4~5小时真正的工作。

3.当你在状态时，就多干点；不然就好好休息：有时候会连着几天不是工作状态，有时在工作状态时却又能天天忙活12小时，这都很正常的。

4.重视你的时间，并使其值得重视：你的时间值1000美元/小时，你得动起来。

5.不要多任务，这只会消耗注意力；保持专注，一心一用。

6.养成工作习惯，并持之以恒，你的身体会适应的。

7.在有限的时间内，我们总是非常专注并且有效率。

8.进入工作状态的最佳方式就是工作，从小任务开始做起，让工作运转起来。

9.迭代工作，期待完美收工会令人窒息。"做完事情，要胜于完美收工"是Facebook办公室墙壁上贴的箴言。动手做，胜过任何完美的想象。

10.工作时间越长，并不等于效率越高。

11.按重要性工作，提高效率。

12.有会议就尽早安排，用于准备会议的时间往往都浪费掉了。

13.把会议和沟通（邮件或电话）结合，创造不间断工作时间：一个小会，也会毁了一个下午，因为它会把下午撕成两个较小的时间段，以至于啥也干不成。PS：当看到一个程序员冥思苦想时，不要过去打扰，甚至一句问候都是多余的。

14.一整天保持相同的工作环境。在项目/客户之间切换，效率会低。

15.工作—放松—工作=高效

16.把不切实际的任务分割成合理的小任务，只要每天都完成小任务，你就会越来越接近那个大目标。

17.从来没有两个任务会有相同的优先级，总会有个更重要，仔细考虑待办事情列表。

18.必须清楚白天必须完成的那件事，是什么。只去做那件有着最大影响的事情。

19.把任务按时间分段，就能感觉它快被搞定了。

20.授权并擅用他人的力量。君子善假于物（人）也，如果某件事其他人也可以做到八成，那就给他做！

21.把昨天翻过去，只考虑今天和明天。昨天的全垒打不赢今天的比赛。

22.给所有事情都设定一个期限。不要让工作无期限地进行下去。

23.针对时间紧或有压力的任务，设置结束时间，万事皆可终结。

24.多记，多做笔记。

25.进入高效状态后，记下任何分散你注意力的东西，比如，Google搜索词、灵光乍现的想法、新点子等。如果你把它们记下来，它就不会再蹦来蹦去了。

26.休息，休息一下~

扎克伯格管理时间的内容，可能有的看起来很简单，有的甚至是我们经常听说的。但是简单不等于没用，简单往往是终极智慧，蕴含的道理是非常深刻的。如果我们能够真正把它落到实处，那么我们将会把时间管理得井井有条，工作效率成倍地提高。

一个人的时间是有限的，如果管理不好自己的时间，就会造成工作的杂乱无章。美国学者托尼·施瓦茨认为：人们应该把更多的注意力放在如何管理好一天有效工作时间里的能量精力上，从而提高单位时间的工作效能。所以，扎克伯格提出的时间管理法，是值得我们学习的。学习这些工作法，不仅能使我们成为管理时间的高手，更重要的是能提高我们的工作效率。

| 敢于拒绝，学会说"不" |

在生活和工作中，很多人不善于拒绝别人，不敢说"不"，结果不但浪费了自己的时间和精力，也把自己弄得很累。很多人在答应别人事情的时候，内心是一百个不愿意，但就是说不出一个"不"字。

这些人在内心里想做一个好人，怕得罪别人，想讨好别人，结果是自己吃苦受累。我们可能都看过演员郭冬临演的小品《有事您说话》，在这个小品中，郭冬临演了一个想处处讨好别人的人，对别人的要求来者不拒，结果把自己弄得很尴尬。所以，不敢拒绝别人的人，吃亏的只能是自己。其实，敢于拒绝别人，学会说"不"是人际交往中非常重要的技巧和策略。

在2017年的中国公司年会上，有一位老板向马云提问说："马云先生，开始你和别人合作的时候遭到别人的不理解，现在我找你合作，遭到了你的拒绝后，我该怎么办呢？"这位老板的意思是，马云刚开始创业的时候，也无数次遭到了别人的拒绝，现在做大了，却拒绝与小客户的合作。

而马云却是这样回答的，他说："现在我已经这个样子了，你想跟我合作我比较难，是吧？"随后话锋一转，接着说道，"你完全可以上网开店去啊！当没人和你合作、没人相信你的时候不一定是坏事。别人不跟你合作很正常，别人跟你合作才是不正常的，凭什么人家要跟你合作呢！"

说完这句话，马云又接着说："你要证明你有合作的可能性。现在你直奔主题找到这里来，的确是有点难。因为我每天24小时要见的人太多了，我有我认为很重要的事情。但是只要你做的足够大，坐到前面一排的时候，我一定坐下来和你谈，因为这样已经证明你是有资格了！"从马云对这位老板的回答来看，他的合作态度是非常明确的，只要你对阿里巴巴有价值，就有合作的资格。

从马云拒绝这个老板请求合作的案例可以看出，马云是一个敢于拒绝，敢于说"不"的人。因为现在马云太忙了，像他说的那样，他一天24小时要见的人太多。想和马云合作的人也太多，当然他不会和什么人都去谈合作的，只有对阿里巴巴有价值，才有可能谈合作。如果马云不敢于拒绝，不会说"不"，那么他有再多的时间也会有见不完的人，接待不完请求合作的客户，所以他必须敢于拒绝别人。

很多人之所以不敢拒绝别人，是怕伤害别人，得罪别人。但是你要明白，做你不情愿的事，是对你自己的伤害。心理学调查显示，一个人能否拒绝别人，与一个人的内心强大有很大的关系。一个不敢拒绝别人的人，内心一定是胆小的，而敢于拒绝别人的人内心才是强大的。

所以，我们要敢于拒绝，学会说"不"，不能让自己不愿做的事情来浪费自己的时间。在拒绝别人的时候要注意，拒绝就干脆利落，如果你委婉含蓄，别人就会以为你不是不愿意，他们就会不停地想说服你。因此，拒绝别人就要坚决，要知道你的人生不是用来讨好别人的。

| 用80%的时间干好20%的重要工作 |

在十九世纪末和二十世纪初，意大利经济学家帕累托提出了一个非常著名的定律，就是："原因和结果、投入和产出、努力和报酬之间存在着无法解释的不平衡，一般情况下，产出或报酬是由少数的原因、投入和努力产生的，若以数学方式测量这个不平衡，得到的基准线是一个80/20关系——结果、产出或报酬的80%取决于20%的原因、投入或努力。"这就是"帕累托定律"，也被称为"二八定律"。

对于"二八定律"可能我们很多人都听说过，这是一个普遍的现象，在任何地方都会发生。为什么会发生这样的情况呢？这是因为在任何特定的群体中，重要的部分只占20%，不重要的部分却占了80%。而这20%部分产生的效果，却大于不重要的80%产生的效果。

在我们的工作中，也存在"二八定律"，在工作中只有20%的事情是最重要的，这些事情值得我们用80%的努力来做好，只要我们把这20%的重要事情做好了，就会取得很大的成效。然而，在实际工作中，很多人却把大部分的时间和精力都用在那些微不足道的事情上。就是在不重要的事情上花费了80%的时间和精力，而在重要的事情上却只花费了20%的时间和精力。这就造成了虽然看似工作很努力，但是效果却不好的结果。

"帕累托定律"给我们的启示就是，80%的成果，来自20%的时间付出；另外80%的时间付出，则只带来20%的成果。所以，我们要获得好的工作效果，就要管理好自己的时间，不要将80%的时间花费在不重要的、琐碎的，只能产生20%成果的事情上。我们要做的是，把80%的时间花在20%的重要事情上，只要把重要的事情做好了，我们就能得到80%的回报。

然而，在工作中，很多人喜欢先做自己熟悉的事情，然后做自己不熟悉的事情。要知道这种工作方法是不符合高效工作法的。因为，我们熟悉的事情可能是一些不重要的琐碎的事情，而我们不熟悉的事情可能是重要的事情。如果我们把大部分时间花费在这些不重要的事情上，那么重要的事情由于花费时间少，会造成付出与回报倒挂的现象。

这也是有的人感觉自己每天忙忙碌碌，工作效果却不好的原因。凡事都有轻重缓急，有重要不重要之分，要提高工作效率就要把大部分时间花在重要的事情上。就是我们用80%的时间做好20%的重要事情，学会运用"二八定律"来分配工作时间。每个人的时间和精力都是有限的，只有我们把重要的事情做好，才能获得最大的回报。

| 学会在30秒内把话说清楚 |

在30秒内把话说清楚，这是麦肯锡公司的电梯理论，就是在进入电梯30秒内要把方案给客户介绍清楚。麦肯锡公司为什么会形成30秒电梯理论呢？因为麦肯锡是有教训的。

曾有一家大客户在麦肯锡做咨询，咨询一开始进行的很顺利，然而在咨询快结束的时候，这个咨询项目的负责人在电梯里遇到了对方的董事长。这位董事长就询问这名项目负责人，让他介绍一下现在的咨询结果。

然而，这位项目负责人仓促之间来不及准备，他边想边说，不免有点长篇大论，到电梯下去了他还没有说到点子上。对方的董事长自此扬长而去，这个大客户与麦肯锡的合作至此黄了。

失去了这个大客户之后，麦肯锡公司痛定思痛，查找出现问题的原因。自此麦肯锡公司要求，员工必须在最短的时间内把结果表达清楚，说话要直奔主题、直奔结果。麦肯锡公司认为，在一般情况下，人们最多能记住问题的一二三，对四五六则不容易记住。所以，麦肯锡就要求凡事要归纳在3条以内。这就是在如今商界流传的麦肯锡30秒电梯理论。

麦肯锡30秒电梯理论其实就是要求在最短的时间内把事情表达清楚，这也是麦肯锡公司要求其业务员必须在30秒内能把方案给客户介绍清楚的能力。在30秒内说服别人，不仅是指电梯，还可以是任何一个"关键场景"。在这个特定场景里，你可能只有一次与他人沟通的机会。能在短时间内说服对方就成功，否则就是失败。

由于现在人们都很讲求效率，并且每个人的时间都有限，没有人想听你长篇大论地讲述，在与他人的沟通中，你讲得再多，别人可能只听一半。所以，在短时间内，甚至是30秒内把你想表达的东西尽可能地表达清楚，是非常重要的。那么，如何才能在30秒内把一件事情表达清楚呢？以下几点可以作为参考。

1.先给结论

这也是《金字原理》一书给出的方法，当我们向别人阐述问题时，先把结论给别人，使别人知道你想表达什么。一上来就能抓住问题的中心，不仅能把事情说清楚，而且能引起对方的兴趣。即使你最后不能把话题说完，别人也能了解你要表达的是什么。

2.从上到下表达

从上到下表达，就是先说总的观点，再说分观点。这就要求我们在表达时，先给对方结论，先说总观点，然后再一一说分观点。这样会显得逻辑清晰。

3.讲求逻辑

要使别人能听懂你说的话，就要讲求说话的逻辑，就是说话的先后顺序，先说什么、后说什么要心中有数。一般采用逻辑递进，可以按时间顺序，也可以按结构顺序。如果你表达的逻辑清晰，那么听的人就能听得明白。

　　能在30秒内把事情表达清楚，并说服别人，是一项很重要的能力，不仅能够节约别人的时间，也能节约自己的时间。在30秒内把话说清楚是一项高超的表达技巧，需要我们在平时多多练习。一旦掌握了这种技巧，将对我们的工作产生积极影响。

| 用好工作时间的八小时 |

现在企业一般采用的是八小时工作制，然而有的人在8小时的上班时间内完不成工作任务。看着在工作，但是工作效率却很低，快到下班时间才发现还有很多工作没做，一边埋怨自己浪费了工作时间，一边又不得不加班。

为什么会出现这样的情况呢？原因就在于没有合理安排好上班的时间，简单地说就是不会时间管理。由于科技的进步，越来越多的事情正在分散我们的注意力，例如，精彩的网页、搜索引擎、社交媒体等。在上班的时候，本来想查一些资料，但是发现了自己喜欢的内容，就一页一页地看下去，结果时间过去了，资料却没有查到多少。在上班时间刷微博、刷朋友圈，都在分散我们的注意力，浪费我们的时间。

一天工作八小时，时间浪费一点点，八小时很快就会过去。结果由于工作效率不高，在八小时内根本完不成工作。那么，如何用好工作的八小时，提高工作效率呢？以下几点可以作为参考。

1.一次只做一件事

在工作的时候不要进行任务切换，因为人的注意力一旦被打扰，再重新恢复注意力就会浪费时间。所以，不要一次去完成两项任务。

2.分解任务

在面对复杂的工作任务时，你要学会分解任务，分解之后，复杂的任务就变得相对简单，能使你快速完成工作任务。

3.培养意志力

意志力也需要培养，当你有了强大的意志力时，你就能控制自己的行为。意志力的培养能够提高你管理时间的能力。

4.控制网上搜索

搜索引擎的发达，信息的丰富，使得我们在网上搜索信息时，不知不觉会陷入超链接里。特别是现在大数据的运用，后台知道你喜欢什么内容，就拼命地向你推送，本来我们是来查资料的，结果却陷在了网络里。

5.做好日程安排

在八小时工作内我们要做什么工作，都要做好安排。在做日程安排时不能仅仅列出清单，而是要把内容列出来。在这有限的时间里，你要有意识地把时间按照工作的轻重缓急次序进行分配。这样就能避免重要工作的遗漏，这个日程安排在头一天晚上就应该做好。

6.做好信息处理

很多人在工作中会被电子邮件、电话干扰，这些可能都是别人推送给我们的信息，而不是我们需要的信息。那么，如何提取我们需要的信息呢？在能进行口头沟通的时候，就不要发邮件，也不要频繁地查看邮件，对邮件可以隔一段时间处理一次。你可以设置一个自动回复，让别人知道你没有时间回复所有邮件，有急事可以打电话联系你。

7.尽量少做选择

人在选择的时候，就是在做决策，决策牵扯到人的精力。所以在一些琐碎的事情上尽量少做选择，例如，扎克伯格一年到头只穿同一款式、同一颜色的T恤衫，就是为了避免做不必要的选择而浪费自己的时间。少做一些选择，把主要精力用在处理重要的事情上，你就能提高工作效率。

　　能不能用好八小时的工作时间，也是有方法的，只要方法得当，我们就能提高工作效率，在八个小时内完成工作。以上几个方法如果能够做到，就能使你提高工作效率，轻松愉快地进行工作。

| 重视下班前的十分钟 |

下班前十分钟你是怎么度过的呢？是不是坐立不安，归心似箭等着下班？其实十分钟一晃就过去了，然而这十分钟对工作来说，却是十分宝贵的。利用下班前的十分钟对一天的工作进行收尾，不但能提高第二天的工作效率，还能得到老板的赏识，对你的升职加薪是绝对有帮助的。

刘敏是个认真负责的人，对待工作也是如此。下班前十分钟，公司的大部分同事都早早打了卡，或者开始看手机、闲聊，但刘敏从不如此。她总是把当天的工作再核对一遍，整理一下，然后在便利贴上写好明天的计划。因此刘敏的工作很少出现纰漏，因为下班前这10分钟总能让她发现问题并及时解决问题，不会把问题留给领导和其他同事。就是这下班前的10分钟，能让刘敏查漏补缺，工作有条不紊，主管经常就此表扬她。入职不到一年，刘敏已经升任分公司的领导。

从这个案例可以看出，刘敏改变自己下班前十分钟的工作方式后，很快得到了升职。下班前十分钟也是表现一个人工作态度的时候，这是老板很注重的。虽然是下班前十分钟，但仍然是上班时间，老板花钱购买的是你的劳动时间，可能没有一个老板愿意看到员工在下班前十分钟就不在工作状态。

其实想一想，已经辛苦工作一天了，何必在这最后十分钟给老板留下负面印象呢？不如利用好下班前的十分钟，给一天的工作画上一个完美的句号。那么，如何利用好下班前的十分钟呢？以下几点需要注意：

1.整理办公桌

上了一天班，办公桌肯定很凌乱，在下班前十分钟，可以对办公桌进行整理，使之摆放有序。电脑中储存的电子文件也要归类存放，在你需要找这些文件时能够迅速找到，提高工作效率。

2.检查工作清单

在下班前检查一下工作清单，看一下哪些工作是完成的，哪些还没有完成，及时进行更新，以免产生遗漏。

3.总结一天的工作

通过回顾总结一天的工作，这样做不仅能提高自己的成就感，而且对自己也是一种提高。

4.确定明天的主要工作

把明天的主要工作列出来，作为主要攻克的任务。把工作分为轻重缓急，有利于提高工作效率。

5.检查一下邮箱

检查邮箱，主要是看一看有没有收到邮件，或者需要回复的邮件，不要由于你的疏忽而耽误工作。

6.向同事道别

当上面所有的工作都做完了，也到了下班时间，你就可以从容地下班了。但是走之前不要忘了向同事道别。很多人可能对于一句简单的"再见"

不屑一顾，但是有多少人能够真正做到呢？一句友善的话语，不仅能体现出你与同事的友谊，也能体现出你的团队意识。

7.及时离开办公室

如果你利用下班前的十分钟把工作做好了，就没有必要在办公室逗留，这也是平衡工作与生活的需要。如果你不能利用好这十分钟，做事拖拖拉拉，结果就会把十分钟能做完的事变成加班。所以，要给自己一些压力，尽可能利用十分钟把工作做完，及时离开办公室。

下班前的十分钟看似微不足道，但是如果能利用好这十分钟，产生的效果却是巨大的。可见，利用好下班前的十分钟是非常重要的。如果你还没有养成这种工作习惯，可以按照上面的方法试着做，将会给你带来意想不到的效果。

| 合理安排八小时之外的时间 |

对于职场人士来说，每个人每天都有24小时，除了上班八小时，睡觉八小时，剩余的时间就归个人支配了。那么，除上班之外的八小时怎么安排呢？有的人觉得上了一天班很辛苦，下班了就要好好休息一下，他们不是追剧，就是打游戏，不是K歌，就是逛街，把自己的业余生活安排得丰富多彩。

人们常说："八小时之内求生存，八小时之外谋发展。"利用好八小时之外的时间，将决定你过怎样的生活。很多成功人士都是通过八小时之外的努力换来成功的。

腾讯的创始人马化腾创业的启动资金就是通过自己八小时工作之外赚到的，马化腾在上大学时学的是计算机专业，他的计算机水平很高。大学毕业后他进入润讯公司工作，但是在业余时间他是一个闲不住的人。他曾在自己家里搞了4条电话线和8台电脑，充当起一个网站深圳站站长的角色，通过这个平台他认识了网易的丁磊，这对他后来走上创业道路有很大的启发作用。

后来马化腾还为朋友的公司解决软件问题，还和朋友一起合作开发了股霸卡，并且一直卖得不错，不但提高了他在圈子里的名气，而且也得到了原始积累。在他决定创业时，通过他炒股和其他渠道挣来的钱有100多万元，就是这笔资金让他创立了腾讯公司。

其实，丁磊的第一桶金也是通过八小时之外挣来的。丁磊创业时的50万元人民币，大部分是他通过在八小时之外辛苦写软件赚到的。就是这笔资金，使丁磊在一个只有7平方米的房间里走出了创业的第一步。

还有百度的副总裁梁冬，他的暴富也是在八小时之外掘来的。梁冬本来是凤凰卫视的主持人，由于偶然的机遇与百度高层相识，并成为百度的顾问。后来，梁冬成为百度的副总裁，并拥有了百度0.4%的股权，价值约1000万美元。

从上面这几个案例可以看出，马化腾、丁磊、梁冬，他们的八小时之外都没有闲着，他们通过八小时之外积累到了人生的第一桶金。哈佛大学就有这样一个理论：人和人之间的差别就在于业余时间，而一个人的命运主要决定于晚上八点到十点之间。可见，一个人能否取得成功，不是取决于他八小时之内的上班时间，而是取得于八小时之外。

在八小时之内的上班时间，我们的时间是属于公司的，是属于老板的。在这段时间内我们有要完成的工作，又有纪律的约束，我们只能做好自己的工作。而在八小时之外，这些时间都是属于我们的，我们可以自由支配，我们为什么要白白浪费呢？李嘉诚曾说过："在过去七十多年，虽然我每天工作十二小时，下班后我必定学习。"李嘉诚虽然很早辍学，但是他通过自学，掌握了丰富的知识。还有创立万科的王石，他刚到深圳市特区发展公司做事时，由于深感财务方面的知识匮乏，他在每天下班后，无论多晚都要看两个小时的财务书。然而，在现在的职场中，有多少人在下班后会看书呢？

那么，我们如何安排好自己八小时之外的时间呢？我认为以下几点需要注意：

1.阅读

知识从学习中得到，学习离不开阅读。现在由于信息技术发达，很多人成了"低头族"，真正阅读的人少之又少。养成阅读的习惯，才能提升自己的品位、知识和阅历。

2.总结

工作中的经验、教训都是从总结中得来的。在八小时之外，总结经验、吸取教训，对自己是一个提高的过程。

3.运动

俗话说"身体是革命的本钱"，没有一个健康的身体，一切都等于零。尤其是长期坐办公室的人，由于运动少更需要抽出时间来活动。只有身体好，才能精力充沛，才能更好地做工作。

现代社会飞速发展，别说你不努力，就是努力慢一点都会落后。所以，我们要用好八小时之外的时间来提高自己，只要你利用好了八小时之外的时间，慢慢地你就会超越别人，成就自己。

12
结果：用结果证明你的价值

　　有句话说得好："在职场上，没有苦劳，只有功劳，永远用结果证明自己的价值。"所以，在职场上永远不要说"没有功劳，也有苦劳"这样的话。职场不相信你的苦劳，只相信结果。凡事用结果说话，因此我们要向工作要结果，向结果要效益。

| 不把苦劳当功劳 |

格力电器董事长兼总裁董明珠女士曾说过:"请别再说'我没有功劳也有苦劳'。请你记住,苦劳是企业的一种负担,他会让企业慢慢消亡,功劳才是你存在的条件和价值。"在职场上,很多人认为自己没有功劳也有苦劳,要知道苦劳不等于功劳,再多的苦劳也无功。

一些人在工作中,没有功劳的时候就认为自己是有苦劳的,对得起自己的工作,对得起企业。但是,这种认识是不正确的。没有功劳,苦劳只是无效的消耗。在企业里,领导看的是功劳,而不是苦劳。没有功劳的苦劳,结果只是徒劳。在企业里,奖金、选贤任能看的是功劳,而不是苦劳。

史玉柱一次在中央电视台《赢在中国》的比赛现场作主持人,他对现场的选手提出了一个问题。他说:"如果你是老板,你有一个项目,分别由两个团队实施,年底的时候,第一个团队完成了任务,拿到了事先约定的高额奖金,另一个团队没有完成任务,但他们很辛苦,大家都很拼,都尽了力了,只是没有完成任务,你会奖励这个团队吗?"

听到这个问题之后,第一个参赛选手说,他们虽然没有完成任务,但是他们很辛苦，为了表扬他们这种勤奋精神，我会奖励他们一部分奖金。第二个参赛选手说，要先看看有没有完不成项目怎么奖励这个约定，如果没有约定就不给奖励。第三个参赛选手说，要先看看他们完不成任务的原因，再决定奖励还是不奖励。

史玉柱听他们说完，他说如果是我，我不会给，但是我会在发年终奖的当天请他们搓一顿。功劳对公司才有贡献，苦劳对公司的贡献是零，我只奖励功劳，不奖励苦劳。

史玉柱在一次演讲中也说："我们企业文化里面第一条就是只认功劳不认苦劳，苦劳对一个企业是没有任何贡献的，他不会带来任何利润，但是中国的文化里面呢，这个传统的就经常说，我没有功劳还有苦劳呢，其实你要把这句话明确地提出来，我们企业只认功劳不认苦劳，把它灌输下去，大家一旦认可之后，这样企业的效率自然就会高。"市场不相信眼泪，不相信苦劳，只相信功劳。企业的生存和发展是由功劳决定的，而不是由苦劳决定的。

因为在商场上，企业都是讲求效益，是靠业绩说话的。所以，在工作中无论你付出了多少辛苦，花费了多少时间，如果没有功劳，没有业绩，那么这一切苦劳都是零。可能大家觉得有点残酷，可事实就是这样。没有业绩企业就要倒闭，没有业绩员工就会被辞退。

所以，无论是企业或个人都不能把苦劳当功劳，市场只认功劳，不认苦劳。功劳是结果，是业绩，是有价值的；苦劳不但没有价值，还会造成浪费。在工作中，如果你总把"苦劳"挂在嘴边，别人会认为你是在找借口。因为有功劳的人不会拿苦劳说事，只有没有功劳的人才会拿苦劳当挡箭牌。

因此，在工作中我们不要把苦劳当功劳，功劳胜苦劳，业绩是你个人价值的最好体现。如果没有业绩，就没有功劳。你的能力、才华是从功劳中体现出来的，功劳胜于雄辩，所以我们重视功劳，再不要说"没有功劳也有苦劳"这样的话。

| 凡事用结果说话 |

有句话大家可能非常熟悉，就是"只问耕耘不问收获"，这句话可以理解为只要努力了，自然就有收获，有功到自然成的意思。然而，在现实中我们不但要问"耕耘"，而且更要问"收获"。"耕耘"只是过程，"收获"才是结果，我们追求的是结果。

在市场经济条件下，无论企业或个人都是用结果说话。企业的生存、发展都要靠结果，个人的升职、加薪靠的也是结果。可以说，现在我们是处在一个"用结果说话"的时代。

企业的最终目的是要创造利润，有利润企业才能生存下去。那么，企业的利润从哪里来呢？自然是从结果中来，只有结果才能创造利润，有了利润才能保证企业的生存和发展。相同的道理，只有结果才是我们立足职场的根本。无论我们处在什么职位，做什么工作，企业或老板要的是我们能创造结果，结果就是我们创造的价值，你的价值也是用结果来证明的。所以，我们必须重视结果。

可能我们也经常听到这样的话，"结果不重要，重在参与"，这句话也没错，但是看用在什么地方。在娱乐场合，大家参与一下，活跃一下气氛，无所谓输赢，也不在乎结果。然而，在竞争激烈的市场上，在职场上，没有人只想做一个参与者，在这种场合下只想做个参与者是不能生存的。

也许有人会觉得凡事用结果说话，有点"成王败寇"的意思，然而在商场上就是这么残酷。这也是为什么人们常说"商场如战场"，在战场上重视的输赢，是结果。老板只看结果，过程怎么样老板是不会过多关心的。

结果证明一切，没有人过多听你的解释，甚至认为你的解释就是在找理由。就像是对客户服务，客户要的是结果，而不是你的解释。解释就是找借口，没有结果一切都是零。要知道，企业的核心是利润，职场的核心是工作，利润和工作看的都是结果。乔布斯在领导苹果公司时并不重视过程，他只相信结果。对产品，乔布斯只提出要求，那些要求就是他要的结果，过程他不管，他只要结果，结果苹果公司的产品堪称为艺术品。

可以说，结果是评价事物的唯一标准，没有结果就等于工作没完成，没有结果的工作是没有意义的。企业靠结果生存，员工靠结果证明自己的能力和价值。企业没有结果，企业的所有工作都是没有价值的，员工没有结果，员工的所有努力也是没有价值的。所以，凡事用结果说话，取得结果越多的企业才能发展得更好；取得结果越多的员工，才更有价值，其个人的成长性也越强。

| 向工作要结果，向结果要效益 |

在工作中老板最关心的事情是什么呢？当然是事情的结果了。老板一般不会去关心出了什么问题，应该怎么解决问题，而只关心问题最后解决了没有。老板都很忙，他们没有时间去关心你的工作过程，关注你工作的每一个细节，他们最关心的是工作的结果。所以，告诉老板成功完成任务的结果，远比你告诉他工作的过程更有说明力。

有一个管理学者说过，在你向老板请求工作时，最好带着结果去。就是你要给老板出选择题，而不是问答题。意思就是你事先做出几种方案，让老板选出一种他认可的方案，而不是你去问老板怎么做。在职场上，如果你能做到这一点，想让老板不赏识都不行。

要完成一项工作会面临很多要求，但是最根本的一个要求就是你能提供结果。所以，老板安排给你一项工作时，最想要的就是你能给他提供这项工作的结果。然而，有的人会认为，只要自己尽力做就行了，能不能达到老板的要求，就不是自己关心的了。其实，这种想法是完全错误的，老板要的就是结果，没有结果，你的工作就等于没做。所以，我们要向工作要结果。

小李和小王是大学同学，他们在学校的学习成绩差不多，毕业后一同进入了一家公司。然而，一年后，小李不但升了职还加了薪，小王却是原地不动。

小王认为自己工作也很努力，为什么老板没有给自己升职加薪呢？小王不服气，就去找老板问原因。老板对小王说，在学校你们学的是书本知识，在公司要的是工作结果，公司与学校的要求不同，晋升和薪水的衡量标准也就不同。老板又接着说，在公司无论员工在完成工作的过程中多么辛苦，如果没有给公司提供想要的结果，那么一切辛苦都是没有意义的，也是没有价值的，一个人的价值是他所提供的结果所决定的。听到这里，小王似有所悟地点了点头。

在这个案例中，小李得到了升职加薪，而小王却没有，就是因为小李能给公司提供想要的结果，而小王则差一点。在工作中，老板要的是业绩，是结果，不能给老板提供他想要的结果，那么你的工作就是没有价值的。

可见，工作的结果远比过程重要。要想做一名优秀的员工，应该向工作要结果，把问题留给自己，把结果留给老板。为什么在工作中有的人很快能被老板赏识，而有的人总感觉自己"怀才不遇"？就是因为被老板赏识的人意识到结果的重要性，"怀才不遇"的人没有意识到结果的重要性。很多人在工作中，只关注自己做了什么，而不关注自己做到了什么，只关注过程而不关注结果，这和老板的要求恰恰相反，当然得不到老板的赏识了。要知道，没有得到满意的结果前，你的任何说辞都没有说服力，只有结果才能证明你的价值所在。

所以，我们在工作中要重视结果，结果也是效益的来源。没有结果就不会有利润，没有利润就不会有效益。因此，要向结果要效益，就要一切以结果为导向。结果与效益是联系在一起的，向工作要结果，就是为了实现效益。所以，在工作中我们要向工作要结果，向结果要效益。

| 一次性把事情做好 |

管理大师德鲁克说："一次只做一件事，而且是最重要的事，要一次性把事情做好。"然而，对于一次性把事情做好，可能很多人不以为然。但是，把事情一次性做好，不仅是一个人工作能力的表现，也是工作态度的体现。

我国有个成语叫"一劳永逸"，说的就是一次性把事情做好，以后就不用费事了。也常用来形容一次把事情做好，以后就不用返工，返工会造成成本的上升和资源的浪费。如果没有一次性把工作做好，会给后续的工作带来很大的麻烦。

国内某服装公司接到了一批日本服装加工订单，由于工艺复杂，质量要求高，日方派了一名驻厂代表进行监督。这名日本人来了之后，对中方员工的工作盯得很紧。

在布料的裁切上，服装厂的通常做法是把很多层布料叠放在一起，然后在最上面放纸样划线之后进行一刀切，这样省工省力。但是这名日方派来的代表要求一次只裁一层，一开始中方员工很不理解，日本人解释说这种衣服在日本卖得很贵，所以每一步都要很仔细，一次就把事情做好。

在这个案例中，日本人的做事严谨可见一斑，对质量要求严格，追求把事情一次性做好。然而，在工作中有很多人，认为把工作完成就算完成任务了，只追求把事情做完，不注重把事情做好，这也是工作做不好的原因。

如果事情没有一次性做好，就要进行返工，或者重新做，这就要付出很多努力与代价。这样的事情有很多，工作没做好需要花费时间来修正；产品质量有问题需要返工；技术不到位需要培训等。这些事情的发生，就是由于没有把事情一次做好，反而浪费了我们的时间和精力。在工作中只有一次性把工作做好的人，才是优秀的人才，是社会最需要的人才。那么，如何才能把事情一次性做好呢？以下几点可以作为参考：

1.目标明确

目标的重要性前面已经讲过，这里就不多说了。在工作中，要想减少做无用功，就要制定明确的目标，知道哪些方面必须做，哪些方面不用做，做到什么速度才是做好，只有这样才能少走冤枉路，不做无用功。

2.聚焦

聚焦就是抓住最重要的事情，集中精力把这件事情做好，这就要求一次只做一件事。

3.抓好开头

俗话说"万事开头难"，事情的前期往往是关键时期，可能遇到一些困难。在这一时期，要做好心理准备，要有坚持到底的信念。把开始的困难度过之后，以后的工作就会轻松很多，也有利于把事情做好。

一次性把事情做好，不仅需要能力，还需要认真、严谨的工作态度。在职场上，要想脱颖而出，比别人优秀，得到晋升和加薪，就需要我们努力把事情一次性做好。

13
竞争：应对竞争，光明正大

竞争的优点毋庸置疑，竞争不仅有利于激发活力，也能刺激积极性。但是，竞争一定要光明正大，不能搞歪门邪道在别人背后搞小动作，打击伤害别人，甚至违法乱纪。竞争就要公平公正地进行良性竞争，要重视同事之间的友谊，不搞恶性竞争。

| 注重学习，提升自己 |

在竞争越来越激烈的今天，如何提高自己的核心竞争力呢？唯一的方法是注重学习，提升自己。有句话说得好，这个社会一直在淘汰有学历的人，但淘汰不了有学习能力的人。在未来，我们只有通过学习，提升自己的能力，才能拥抱未来的变化。

未来竞争力强的人，是能够拥抱变化，紧跟趋势的人。如何才能抓住趋势，做出正确的选择呢？唯有学习，这样才能避免只埋头拉车，不抬头看路。不学习的人，看不到未来的趋势，自然竞争力就弱。

王芳在大学期间成绩优异，毕业后进入了一家传统企业。而一些成绩不如她的同学则去了阿里巴巴，她们的待遇不如王芳。

在这家企业里工作比较轻松，王芳很享受这样的生活。她只躲在自己的小天地里，不再学习，对外界的变化毫不敏感。几年后，王芳想换一份工作。她的朋友劝她去互联网企业，一些在淘宝的同学建议她去淘宝，当时淘宝还刚刚兴起。但是王芳看不上淘宝，果断地拒绝了。

后来她去了一家知名的企业，当时无论是职务还是工资，都比她在淘宝的同学要好。没想到十年过去了，她和同学的境遇发生了逆转。王芳所在的企业，由于受到互联网的冲击，激烈的竞争导致业绩不断下滑，她的待遇自然也好不到哪里去。

反观她当初去淘宝的同学，随着互联网的发展，她们的事业都蒸蒸日上，有的甚至做到了总监。在收入上不仅有工资，还有股票和分红。王芳时常感叹自己错过了机会。

在这个案例中，王芳本有机会进入互联网企业，但是由于她看不清未来的趋势，执意选择自己认为好并且当时表现确实好的企业。随着互联网企业的发展，王芳后悔了自己的选择，认为自己错失了机会。其实真正的原因在于她没有坚持学习，看不懂未来的趋势。

雷军说过一句很有名的话："在风口上，猪都会飞。"什么是"风口"？其实"风口"就是趋势。我们都知道雷军做小米手机非常成功，这不能否认他个人的能力，但是很重要的一点就是雷军看到了智能手机大爆发的趋势。在这个阶段内，所有手机消费者，都处在一个将功能性手机替换成智能手机的时期。由于雷军看清了这一趋势，所以他取得了巨大的成功。相反，诺基亚在功能机时代是手机行业的巨头，就是由于没有看清这一趋势，结果诺基亚从顶峰跌落，最后手机业务被微软收购。

一个时代有一个时代的趋势，能否拥抱趋势，就在于你能否通过学习看清这种变化。马云非常重视趋势，他一直强调要与趋势为伍，他还告诫人们"顺者胜、逆者亡"。只有积极学习，不断提升自己的人才能看到趋势，对于那些缺乏好奇心和学习能力的人，看不清未来的变化，很可能惨遭淘汰。

在未来，不要认为自己拿到了高学历就高枕无忧了。在当今社会，高学历不能保证你衣食无忧，靠文凭竞争的时代已经过去。未来的竞争属于注重学习，不断提升自己能力的人。

| 竞争要光明正大 |

　　古罗马诗人奥维德说过一句很形象的话："一匹马如果没有另一匹马紧紧追赶并要超过它，就永远不会疾驰飞奔。"奥维德这句话形象地说明了竞争的重大意义。无论是在商场上或职场上都存在着竞争，光明正大的、良性的竞争是受人们欢迎的，但是在竞争上也存在一些不好的现象。例如，背后做小动作、恶意中伤竞争对手等。这些行为扰乱了市场的公平竞争，这是不可取的。

　　在2016年5月6日，金柚网向托比网发了一封署名为"金柚网全体成员"的一份申明函。在这份申明函中金柚网称"不忘初心，不畏艰难，只顾向前，相信正途才是事业的基础"，并说"竞争，就该光明正大"，意在向竞争对手隔空传话。

　　事情的起因是一篇公众号文章，题目为《金柚网（社保服务公司）快崩盘了》。金柚网认为这篇文章"在完全不了解真相、事件原委的情况下断章取义、主观臆断，其中一些言论与事实完全不符，已构成恶意诽谤，并对金柚网的声誉造成了严重伤害"。

　　金柚是做什么的？据公开资料显示，金柚网是国内首家在线人力资源平台。主要的服务项目有五险一金缴纳、跟踪查询、线上转移及咨询、薪酬管理、商业保险、人事管理等。这家互联网企业于2014年4月成立，在融资方面也非常成功，2015年6月，就获得了华映资本、红杉资本7000万元融资，2016年3月成功完成了B轮1亿元人民币的融资。金柚网的发展还是非常不错的，现在在二十多座城市设立了分公司，并且有1万多家企业付费。

　　在这份声明中，金柚网也对自己本身存在的问题进行了反思，并称要切实为客户解决问题，通过自我优化，为客户提供优质服务。但是，金柚网认为《金柚网（社保服务公司）快崩盘了》这篇文章充满了对自己的诋毁，并表示"竞争，就该光明正大"。

　　对这件事先不做是非评论，但是对金柚网提出的"竞争，就该光明正大"这句话是非常赞赏的。作为企业，竞争是很正常的现象。市场本身就充满了竞争，进入市场就意味着要参与竞争。因为企业只有创造利润才能生存下去，正如稻盛和夫所说："在竞争激烈的市场环境中，由正当的竞争结果决定的价格就是合理的价格，以这个价格堂堂正正地做生意所赚得的利润，就是正当的利润。全体员工用光明正大的方法，付出不懈的努力，作为结果而获得的利润是值得尊重的、无可非议的。"

　　然而，以什么样的手段参与竞争呢？那就要做到竞争一定要光明正大，堂堂正正，凭自己的实力去竞争。绝对不能用不正当的手段，或者阴谋诡计来打击他人。竞争虽然残酷，但是也要公正。

　　在职场中，同样存在着竞争。但是，在职场上面对的都是在一起的同事，大家竞争时要光明正大。通过提升自己的能力，炼就"真功"，那一定能在竞争中获胜。

| 不背后打击他人 |

在职场上，同事之间的竞争也是明争暗斗。例如，在一个公司需要晋升一个人担任经理，下面有几位候选人。这些候选人之间肯定会进行竞争，这也是公司允许的，只有竞争才能优胜劣汰，从而挑选出最优秀的、最合适的人才。

然而，竞争归竞争，但是有一件事情绝不能做，就是不背后打击他人。在背后打击他人，通过不正当的手段进行竞争，通常被认为是小人。要想在竞争中获胜，适当地展露自己的才华，把自己的优点表现出来，从而显示出竞争对手的不足，进而引起上层领导的关注，并巧妙影响上层领导的决定，这样做是可以的，别人也不会说什么的。但是，如果在背后搞小动作，背后打击竞争对手，就会引起别人的非议。

要想在晋升的竞争中获胜，最明智的做法就是让上层领导注意到你的优秀，而不是竞争对手的不足。当然，你的优势就是竞争对手的不足。因此，在竞争中你不能在言语上中伤你的竞争对手，或者背后捅刀子等。总之，不能进行不正当的竞争。

俗话说"害人之心不可有，防人之心不可无"，你不背后打击别人，但是也要防别人在背后打击你。那么，你如何才能防止别人在背后打击你呢？最好的办法就是保密，不要向任何人透露你要做或者正在做的事情。例如，你准备申请新的职位；你准备辞职；你准备调换工作；你申请加薪等。

这些事情和你个人利益密切相关，对你有利的事情，可能会影响别人。你如果泄露了你的"秘密"，那么妒忌你，或者别有用心的人就可能在你背后使坏。不要以为你只告诉了一个人，这个人也有他亲近的人，你肯定他不会告诉别人吗？这样一个人告诉另一个人，你要做的事情很快就会宣扬开来，在你认为还是个人的"秘密"时，可能已经是公开的"秘密"了。

所以在职场不是让你不相信别人，该保密时就要保密，为的是更好地保护自己。当然，在职场也会有这种人，专门喜欢打探消息。你如果不告诉他们，或者对他们撒谎，那么等事情公开时，这些人就会怀恨在心。所以，你要学会应对这些人，如何应对这些人呢？你可以编一些理由搪塞他们，或者回答得比较含糊，让他们摸不着你的心思。如果有人向你打探，你是不是准备申请某个职位，你可以告诉他，"我只是想想"，这样他就不知道你是不是真的申请了。但是，如果你真正申请了，也不要撒谎，因为等事情公开时，你的谎言就会被揭穿，这样对你也不利。

所以，在职场的竞争中，既不要背后做小动作打击他人，也要防止别人在背后打击自己。在职场上竞争应该光明正大，凭自己的实力去争取，并实现自己的目标。这样得到的东西，不仅自己心安理得，别人也无话可说。如果凭背后打击他人，采用不正当手段竞争得到的东西，不仅自己心里不安，也会给别人留下话柄，甚至损害自己的声誉，结果是得不偿失。

| 重视同事间的友谊 |

同事之间存在友谊吗？这个可能是困惑很多人的问题。如今，越来越多的人抱怨世态炎凉、人心不古，那么在职场存在真正的友谊吗？同事之间是存在友谊的，踏入职场后，除了休息，每天基本上班八小时，我们和同事相处的时间甚至比家人都多。所以，同事之间产生友谊对我们的工作和生活有着非常重要的意义。

据调查，在职场上有70%的员工同事之间的友谊是自己快乐工作的重要因素。因为，同事之间的友谊会给自己的工作、事业带来各方面的成功。在现代创业史上，有两个创业团队是非常典型的，一个是创办阿里巴巴的十八罗汉，一个是创办腾讯的五兄弟。他们既是创始人，又是一起工作的同事。在当今，创业团队在创业过程中存在很多散伙的现象，但是这两个创业团队一直都很稳定，无论是遇到困难时，还是创业成功后，这与他们之间的友谊也是分不开的。

在马化腾的创业五兄弟中，他最先和他的大学同学张志东注册了深圳腾讯计算机系统有限公司。之后曾李青、许晨晔、陈一丹也加入了腾讯公司，成为了创业五兄弟。

这五个创始人一共凑了50万元，其中马化腾出资23.75万元，他出资最多，占了47.5%的股份，张志东出了10万元，占20%，曾李青出了6.25万元，占12.5%的股份，其他两人各出5万元，各占10%的股份。

从股份分配中可以看出，虽然马化腾出资最多，但是他只占了47.5%，不到一半。这是他自愿把自己所占的股份降到一半以下的。马化腾为什么要这么做，他说："要他们的总和比我多一点点，不要形成一种垄断、独裁的局面。"他之所以出主要资金，还有一个原因，就是"如果没有一个主心骨，股份大家平分，到时候也肯定会出问题，同样完蛋"。

为了避免争夺权力，他们约定每个人各展所长、各管一摊。腾讯创业五兄弟堪称难得，他们不离不弃，共同合作，才有了今天的腾讯帝国。

从腾讯公司创业五兄弟的故事中可以看出，他们虽然都是创始人，但是也是工作中的同事。他们之间很重视同事之间的友谊，从股权分配到权力分配都体现出了这一点。如果没有这五个创始人之间的友谊，腾讯公司也不可能发展壮大。

可见，同事之间的友谊能促进事业的成功。在创业时需要团队成员之间的友谊，在职场上也同样需要同事之间的友谊。只有获得了同事之间的友谊，你才能得到他们的帮助。如果你和同事之间相处不融洽，那么等着你的可能就是排挤和打压，甚至是扫地出门。所以，要重视和同事之间的友谊，和同事打成一片，当你需要他们帮助时，他们才会挺身而出。

但是，与同事之间的交往也要讲究分寸。在生活中，有些人花费了大量的时间和精力用来维护与同事之间的关系，希望能得到同事的信任和帮助，但是由于不注意分寸，结果却弄巧成拙，成为自己工作上的障碍。因此，我们既要重视同事的友谊，也要学会恰当处理与同事的关系，使他们成为你的朋友和伙伴。

14
提升：成为极简的自我

　　如何成为极简主义者呢？要想成为极简的自我，首先要给自己定一些极简的规则，并按照这些规则要求自我。在生活上极简，减少物质欲望；在精神上极简，减少精神欲望。要减少这些欲望，就要能够控制自己的情绪，勇于打破陈规，做最好的自己。

| 给自己定一些极简规则 |

要想提升自己，成为极简主义者，过极简的生活，首先就要给自己定一些极简的规则。我们知道乔布斯是"极简主义生活"的拥护者，他的一生彻底执行极简主义，并把极简贯彻到了自己的生活和产品中。

可以说乔布斯是一个极简主义的狂热信徒，他一生都在践行他"少即是多"的极简规则。从物质到精神，从产品设计到产品应用，都把极简应用到了极致。乔布斯的极简规则不仅影响他的生活，也影响了他设计的产品，甚至也影响了世界。可见，人的天性还是喜欢简单的，所以没有必要把事情弄得太复杂。那么，我们要过极简的生活，要给自己定哪些极简规则呢？以下规则可以作为参考：

1.极简自己的欲望

人的欲望是无止境的，放任自己的欲望，我们将永远没有满足的时候。所以，要对自己的欲望进行极简，要知道自己真正想要的是什么，不要受外界的影响，不跟风不追潮流，把自己的全部精力都用在自己所要实现的欲望上，用一生的时间做好这件事。

2.极简自己的精神

一个人的精力是有限的，我们不能同时做很多事情。在众多的事情中，我们要精选出自己最想做的1~3件事情，并集中精力把它们做好。

3.极简自己的物质

现在社会上生产的物质产品可以说是琳琅满目，只要你有钱，几乎可以买到你想要的任何东西。但是你买回来的很多东西却用不上，这些东西不仅占用了你的空间，也消耗着你的精力。所以，要极简自己的物质，要买就买必要的和最好的，并充分使用它们。

4.极简自己的信息

我们这个时代可以说是个信息泛滥的时代，打开手机、电脑，上面的信息扑面而来。上面的超链接一个接一个，让你不断往下翻看，并且通过大数据分析知道你喜欢什么样的信息，后台会不断向你推送这些信息。所以，要极简自己的信息，就要少看微博、少刷朋友圈。把自己关注的微博和公众号进行精简，做到少而精，别让自己淹没在信息的海洋里不能自拔。

5.极简自己的表达

现在人们都很忙，没有耐心听你啰唆，所以说话和写东西时，要尽量做到简单，少说废话，要极简地表达自己的想法。麦肯锡的"电梯30秒法则"就是要求表达要极简，要想表达极简，就要多用名词、动词，少用形容词、副词。

6.极简自己的工作

在职场上工作繁多，很多人面对千头万绪的工作往往感觉无从下手。要想极简自己的工作，首先要学会时间规划和时间管理，规定好什么时间干什么事，拒绝拖延。重要的事情要先做，并且一次只专注做好一件事，以此来提高工作效率。

7.极简自己的生活

在生活中，有的人喜欢逛街购物，有的人为了增加自己的人脉经常混迹于各种社交圈。要极简自己的生活，就要安排好自己的业余时间。在业余时间可以用来充电，锻炼身体，减少消费；不要进行无效的社交，把时间节约出来提升自己，只有提升了自己的能力、实力、智商、情商，这样才能提高自己社交的手段，也是达到社交的目的。

以上是过极简生活的规则，这些规则看似简单，其实很不容易做到。因为简单的往往是最难的，这需要我们有坚强的毅力，逐渐改变我们的生活和工作方式，逐步过上极简主义的生活。极简生活会让一个人生活更轻松，工作效率更高，也更容易实现自己的目标。

| 生活极简 |

你的生活简单吗？这个问题也许你想过，也许没想过，不管你想过还是没想过，现在我要告诉你，过极简的生活将会使你更快乐。现实生活中，很多人不快乐就在于欲望太多，生活过得太复杂。因为一心想着占有，有了房子想要更大的房子，有了车子想要更好的车子，衣服多得穿不完，还是一个劲儿地买、买、买等。超多的物质欲望使生活变得更复杂。

面对复杂的生活，很多人不知所措，怎么做呢？投资大师约翰·博格尔有一句名言："面对复杂，请回归简单。"要回归简单就是要过极简的生活，要过极简的生活就要学会精简自己的欲望，精简自己的工作，只留下真正需要的东西。

有一位年轻的"80后"，他白手起家创造了亿万财富，是全球最年轻的亿万富翁，他的个人财富甚至超过了李嘉诚。但是，他的生活很低调，既没有豪车、豪宅，也没有华丽的衣服，他崇尚极简生活，要尽可能多地把精力和时间用在工作上。也许你已经猜到是谁了，他就是Facebook的创始人马克·扎克伯格。

对于扎克伯格这个年轻的富豪来说，他想拥有什么样的洋房、豪车都不过分。很多人会想他的座驾至少也是法拉利、兰博基尼之类的超跑车。但是，扎克伯格虽然有几辆车，他日常出行的竟然只是1.6万美金的本田飞度。他还有一辆大众高尔夫，这辆车在美国的售价也仅1.8万美金左右。因为在扎克伯格看来，车只是代步工具。

很多人都会有这样的幻想，等哪一天有钱，自己要怎么样，满脑子都是个人欲望。而扎克伯格白手起家后，仍然过着相对于他的身份来说极简的生活。极简的生活让他有了更多的精力从事重要的工作，不止扎克伯格，很多成功的人士都崇尚过极简的生活，乔布斯、爱因斯坦等都是这样的人。

过极简的生活并不是简陋，而是把生活过得简单，不在没有意义的事情浪费自己的时间，为的是减轻自己的压力，提高工作效率，让自己的生活变得充实。如何过极简的生活呢？就是要学会断舍离，简单地说就是要学会精简，把冗余之物排除在外，只留下对自己生活必需的物品。

在这个物欲横流的时代，过极简的生活能够节约你的时间、节约你的金钱，让你能体会到生活的爱和美好，让你生活得更从容。有一句广告词说得好，"多则惑，少则明，简约而不简单"，这也许是对极简生活最好的诠释。

| 精神极简 |

精神极简就是做事要专注，人一生的精力是有限的，我们不可能做很多事情，所以要做到精神极简。要做到精神极简就是要选择自己真正喜欢的一件，至多三件事情，然后专注于这些事情，进行充分地学习、提高。

精神极简就是要我们做到专注，专注是成功的秘诀。成功的人都专注于某一领域，做到了出类拔萃。要做到精神极简还要控制我们的欲望，只要我们能做到这一点，那么精神极简就容易做到了。只有做到精神极简了，我们才能专注于我们喜欢的事情。

乔布斯曾在斯坦福大学毕业典礼的演讲中，讲了自己是如何寻找自己喜欢的事情，当时乔布斯就建议，要不断地寻找自己喜欢的事情，直到找到为止。为什么乔布斯强调要找到自己喜欢的事情呢？因为只有你喜欢的事情，你才能投入地去做，只有投入地去做才能获得成功。

大家都知道李彦宏是百度的创始人，但是很少有人知道他是搜索领域的专家。李彦宏非常喜欢搜索行业，并且几十年如一日地专注于这个行业。

由于对搜索专业的喜爱，经过自己的努力他还发明了"超链分析技术"

专利。这个专利被业界称为当代搜索引擎的奠基石，这为搜索引擎的大规模应用提供了理论基础，使世界因搜索而改变。

李彦宏一直专注在搜索领域，无论外面的诱惑有多大，他都从未离开过，最终将百度做成了世界上最大的中文搜索引擎网站。对于百度的成功，很多人认为是李彦宏卓越的商业管理才能成就了百度。而在李彦宏看来，对搜索技术的专注和创新，才是百度成长的关键。

从李彦宏创立百度，并使百度大获成功的案例来看，是李彦宏的专业和专注起到了关键作用。李彦宏的计算机专业学的是搜索，而他又几十年如一日地在这一领域耕耘，可以说在搜索领域没有人能超越他，那么他不成功谁成功？

可见，要想把事情做成功，就要精神极简，专注于自己喜欢的事情，把事情做深做透，成为这一领域的专家，那么成功就不再难。俗话说"百事通，不如一事精"，说的也是做事要专注，不求多，只要把一件事做好就够了。

然而，可能一些人也想做好一件事情，但是就是不知道自己真正擅长什么事情。要找到自己真正擅长的事情，可以从这几个方面着手。一是你做的这件事别人都认可你，甚至赞赏你，那么这件事极有可能是你所擅长的事情；二是当你在做一件事时，你会很开心，很兴奋，并且能够专业地去做，做的过程很开心，做完之后很有成就感，这件事或许就是你的兴趣所在；三是有一些事情你一旦开始做就停不下来，会一直做下去，从不拖延，这些事情就可能是你喜欢做的事情。

从这个三个方面来考察，就能找到你所擅长的或感兴趣的事情，这些事情就是值得你专注的领域，也就是你未来发展的方向。人的爱好是不同的，有人爱好很多，有人爱好很少。不管你有多少爱好，都要做到精神极简，只有这样你才能做到专注，才能把事情做到极致，做到这些你离成功就不远了。

| 控制情绪 |

　　拿破仑说过一句名言："能控制好自己情绪的人，比能拿下一座城池的将军更伟大。"这句名言说明了一个人控制情绪的重要性。什么是情绪呢？简单地说情绪就是一个人受到某种刺激后，所产生的一种心理状态。对于如何控制自己情绪方面的书籍、言论有很多，就是因为这种心理变化与行为是难以控制的。

　　在生活和工作中，难免都会有不顺心的事，对于不能控制自己情绪的人，遇到这种情况就会唠唠叨叨，抱怨不迭，甚至大发雷霆。一个人一旦无法控制自己的情绪，就容易做出傻事，也会让别人对你失去信心。

　　刘美在一家公司工作好几年了，也是一名老员工了，和她一同入职的甚至比她晚的有很多人都升职加薪了，而她还在原地踏步。要说刘美也没有太大的毛病，唯一的缺点就是性格直率，控制不住自己的情绪，得罪了不少人，所以这是她一直没升职的原因。

　　有一次，公司接到一起投诉，部门领导就交给刘美来处理。领导的意思是刘美在公司好几年了，也该升职了，如果这件事她处理得好，就借机给她升职。然而，没想到的是，她在接到客户的投诉电话后，一开始还有耐心，但是在客户抱怨了几句后，刘美就没耐心了，直接对客户说，你这人要讲点道理，我们公司有规定会给你赔的，你对我抱怨有什么用，说完直接挂断了电话。

没想到客户很生气，直接找到了她们公司，要求见公司领导，并要投诉刘美。客户在公司闹闹嚷嚷，同事们也觉得刘美情绪化太严重，说话不注意分寸。结果可想而知，刘美的升职机会就此泡汤。

在这个案例中，刘美就是由于不能控制自己的情绪，才导致她一直得不到升职加薪的机会。领导有意给她机会，结果她自己仍是老毛病不改，错失了升职的机会。对一个员工来说，控制自己的情绪是非常重要的，这不仅关系到员工个人的进步，也关系到公司的形象。

有一位销售苹果公司产品的经理说："例如没有ipad，顾客可以使用笔记本电脑、智能手机等。但是对于苹果公司来说，如果这个顾客因为员工的一个脸色或者态度等原因而不买ipad，而去买了智能手机，那么就会丧失了这个顾客，而更可怕的是，这个顾客会把自己不愉快的经历告诉身边的亲戚朋友，他的这些亲朋好友因为受到了他的影响也许就不会问津ipad了。从当时来看，我们也许只是觉得只是失去了一个面对面的、眼前的这个顾客，但从实际来看，我们失去的就不仅仅是眼前的这一个客户，而是他身后与他有丝丝联系的众多顾客，因为口碑营销的魔力太巨大了。长此以往，企业的销售业绩就会受到重大的影响。"可见，员工的情绪直接关系公司的利益。

如果一个人不能控制自己的情绪，这个人将是不受欢迎的人。我们知道乔布斯被他自己创立的苹果公司给开除了，原因就是他太过情绪化。如果一个员工不能控制自己的情绪，那么不仅影响自己能力的发挥，也会给企业造成损失。一个不能控制情绪的员工是不堪大任的，其原因是：

不能控制自己情绪的员工，容易丧失理智，做出意外的举动，这种举动会影响公司的形象，给公司带来损失。

不能控制自己情绪的员工，还会对同事造成负面影响，影响同事之间的团队合作。不良的情绪是会传染的，如果员工之间发生矛盾，会使整个团队的工作能力下降。

所以，要做一个优秀的员工，我们就要学会控制自己的情绪。在职场上，你越能控制自己的情绪，不让别人看出你的情绪变化，你会显得越有力量，越让人信服。因此，我们要做一个能控制自己情绪的人，而不是让情绪控制了我们。

| 勇于打破陈规 |

什么是陈规？简单来说就是老规矩。对于这些老规矩，很多人已经习以为常，认为事情就是这样。而创新就在于勇于打破这些老规矩，很多发明创造，都是在打破陈规后创造出来的。

然而，在生活中很多规矩可能人们感觉并不方便和适用。可是就是没有勇气来打破，只有勇于打破陈规的人才能改变世界。例如，乔布斯、马云、埃隆·马斯克、扎克伯格等。乔布斯的成功，打破陈规是关键。所以，乔布斯教导青年，要"打破陈规，强化自己的办事能力"。扎克伯格的成功也在于勇于打破陈规，他有一句口头禅："快速行动，打破陈规。"

扎克伯格是计算机天才，在他少年时代，他的前进速度比产业巨头还快。在他做产品的时候，他并不关心产品是否完善，他想的最多的是要尽快开发出产品。

然而，很多企业在推出产品时，非要把产品做到完美。但是，如果过于追求第一款产品的完美，就容易错过新产品发布的时机，让别人捷足先登。这样的例子举不胜举，所以，企业家要像扎克伯格那样，在推出新产品时，不要过于追求完美，有时候产品的不完美就是完美。

这是因为，你对产品追求完美只是你的想象，你在假设用户的需求。然而，你的假设并不是精确的，产品只有通过用户测试之后，你才知道用户真正的需求是什么。在这方面扎克伯格就打破了陈规，在开发出新产品之后，就匆匆推出不完美的产品。产品推出之后，用户会帮助你改进产品，当吸取用户的意见之后，在改进版中就会把产品做得更完美。

扎克伯格创立Facebook之所以能够成功，就在于他勇于打破陈规。在新产品开发出来之后，就快速推出，以便占领先机。先机是最重要的，当用户认可你的产品之后，别的企业再推出相类似或者更完美的产品，用户也不再买单。例如，当腾讯公司推出微信之后，阿里巴巴公司推出了来往。虽然同是社交软件，由于微信推出早，人们已经习惯使用微信，来往的推出自然就没有效果。

所以，就如扎克伯格所说："快速行动，打破陈规。"只有这样才能抓住先机，不错失时机。当Facebook公司成长壮大之后，扎克伯格仍然采用他的这套哲学理念。但是，随着Facebook公司的壮大，扎克伯格也发现了一个问题，就是在快速前进时，他需要承担责任，这两者就发生了冲突，于是扎克伯格就又强调要"快速行动……但是保持结构的稳定"。

所以，对于陈规要勇于打破，打破陈规的最好方法就是进行创新。我们在工作中，也会遇到一些陈规。当遇到这些陈规时，我们要保持清醒，该打破的时候就要放手去做。这样不仅显示你的能力，也有助于提高工作效率。

| 做最好的自己 |

极简主义的生活方式越来越流行，学习极简主义有什么好处呢？究其原因还是为了做最好的自己。极简不仅是一种生活态度，也是一种工作方式，做极简的自我，不仅能使自己体会在生活中极简的乐趣，还能够提高自己的工作效率。

想一想，一团乱麻的生活是什么原因造成的？不是因为我们拥有的太少了，而是由于我们拥有的太多了。想拥有更多的东西是我们的欲望太强，所以才会生出众多的烦恼。想一想，家里如果堆满了多年积攒下来的杂物，又不舍得扔，又用不上，每次收拾家务都要花半天时间，不仅身体劳累，也会使自己的心情越来越差。

美国加州就有这样一对夫妻，他们拥有一套带两间卧室的公寓和两辆汽车，但是他们并不快乐。这对夫妻发现，他们已经陷入了挣多少钱，花多少钱的怪圈中。有一天，他们下决心改变这种生活方式，决定过极简的生活。他们对家里所有的东西进行了清理，清理出来的东西可以说是"堆积如山"。最后他们只挑出了四个盘子、两口锅和三双鞋。此后他们没有再买汽车，出门或步行或骑自行车。看似生活水平下降了，但是这对夫妻却感觉生活得很愉快。在他们大幅减少了日常开支的同时，也使他们还掉了3万多美元的债务。

可见，过极简的生活，不但能减少自己的烦恼，而且还生活得更愉快。占有太多的物质，不但浪费金钱，而且也会浪费你的时间，给你的生活带来了压力。有些东西不但不能给你带来益处，相反还会给你带来坏处。所以，要想成为最好的自己，就从过极简生活开始。

在工作上也是如此，每个人在职场上都想得到升职加薪，然而要做到升职加薪并不是那么容易。只有你在工作上出类拔萃才可以，要想把工作做好要讲究方法，而极简工作法是提高工作效率，把工作做好的重要方法。所以，在工作中你要想脱颖而出，使你的工作引人瞩目，你就要专心致志、出色地完成手上的工作，绝不分心，这就是一种极简工作的方法。

要切记，要想工作做得出色，就永远不能安于现状。有些人得到一份工作就心满意足，他们很高兴接受一切安排，并裹足不前，并浑然度日。而你不同，你要做最好的自己，你要成长，你要进步。所以，你必须工作，并且还要工作得相当出色。因此，学习极简工作法，是你出色完成工作的一个重要方法。

无论是繁冗芜杂的生活，还是头绪繁多的工作，我们都可以将它们变得简单。要把复杂的生活变得简单，对于自己不需要的东西，要勇于舍弃，只有抛弃了多余的东西，才能让自己有一个自如的空间。

所以，要做最好的自己，就要减少对物质和精神享受的过度追求，节约出时间和精力去做有意义的事，并体会生活的美好。只有极简才能让我们感受到由心而生的轻松和愉悦，从而成为最好的自己。